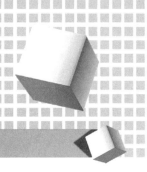

管理层权力、
内部控制质量与管理层防御
——基于中国证券市场的理论与实证研究

胡明霞 ○ 著

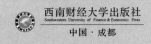

西南财经大学出版社
Southwestern University of Finance & Economics Press
中国·成都

图书在版编目(CIP)数据

管理层权力、内部控制质量与管理层防御:基于中国证券市场的理论与实证研究/胡明霞著.—成都:西南财经大学出版社,2021.12
ISBN 978-7-5504-4954-1

Ⅰ.①管… Ⅱ.①胡… Ⅲ.①证券市场—研究—中国 Ⅳ.①F832.51

中国版本图书馆 CIP 数据核字(2021)第 132162 号

管理层权力、内部控制质量与管理层防御——基于中国证券市场的理论与实证研究
GUANLICENG QUANLI、NEIBU KONGZHI ZHILIANG YU GUANLICENG FANGYU
——JIYU ZHONGGUO ZHENGQUAN SHICHANG DE LILUN YU SHIZHENG YANJIU
胡明霞 著

责任编辑:陈何真璐
责任校对:金欣蕾
封面设计:何东琳设计工作室
责任印制:朱曼丽

出版发行	西南财经大学出版社(四川省成都市光华村街55号)
网 址	http://cbs.swufe.edu.cn
电子邮件	bookcj@swufe.edu.cn
邮政编码	610074
电 话	028-87353785
照 排	四川胜翔数码印务设计有限公司
印 刷	成都市火炬印务有限公司
成品尺寸	170mm×240mm
印 张	10.25
字 数	183 千字
版 次	2021 年 12 月第 1 版
印 次	2021 年 12 月第 1 次印刷
书 号	ISBN 978-7-5504-4954-1
定 价	68.00 元

前言

随着 2002 年美国《萨班斯-奥克斯利法案》的颁布及我国企业内部控制规范体系的建立和逐步完善,内部控制制度成为投资者利益保护和提高公司治理有效性的重要制度。内部控制本质是通过监督和制衡的方式降低道德风险,达到各利益主体权力、责任和利益的平衡。然而,自 20 世纪 80 年代以来,分权改革中形成的自上而下的权力分层结构及集权制下孕育形成的"一把手"权力文化,使不少企业出现"党政一肩挑"和"党政成员交叉任职"等领导体制。这种权力模式导致公司大权掌握在"一把手"手中。另外,在我国经济转型过程中,经理人市场、劳动力市场和控制权市场体制不健全及资本市场效率缺乏,使管理层能通过权力凌驾于内部控制机制之上牟取私利,比如管理层可能会利用权力增加在职消费、进行权力寻租等。一方面,对我国国企主管而言,由于缺乏离职契约保护和存在内外部替代风险,管理层出于稳固自身职位的防御行为更加显著;另一方面,从权力积极效应来看,权力作为决定资源配置效率和利益分配的重要影响因素,是行为主体与成员互动中获取优势或调动和使用资源的能力。根据心理学和社会学的观点,权力包括赢得关系性资源及与商界精英结成网络关系等。而现实中,人是复杂的社会人,管理层作为公司的精英,在决策过程中,其权力的使用会深刻影响经济后果。基于此,本书以转型时期的证券市场为背景,研究上市公司管理层权力配置结构、内部控制质量与管理层防御间的关系。本书的主要内容包括：

第一章绪论，主要介绍本研究的理论和实践背景、研究的问题、研究的意义和目标、研究方法、研究内容与结构安排。

第二章理论基础及文献综述，主要包括管理层权力的含义及理论基础、管理层权力文献综述、管理层权力的度量、内部控制的概念、内部控制质量的影响因素分析、内部控制质量的度量、管理层防御的基本内涵、管理层防御影响因素分析、管理层防御的表现形式及经济后果、管理层防御的诱发机理分析。

第三章探讨产权制度、管理层权力与内部控制质量的关系。本章选取2009—2012年沪深A股上市公司作为研究样本，从不同产权制度视角研究管理层权力与内部控制质量的关系。研究发现，管理层权力与内部控制质量受到产权制度的影响。其中，在我国地方国有上市公司中，管理层权力与内部控制质量显著正相关；而在由中央政府控制的国有上市公司中，管理层权力对内部控制质量并无显著影响。对于家族控股直接上市的民营企业，管理层权力与内部控制质量正相关；而对于以兼并重组方式上市的民营企业，管理层权力对内部控制质量并无显著影响。

第四章研究企业生命周期、管理层权力与内部控制质量的关系。本章以2007—2013年沪深A股家族上市公司为样本，嵌入企业生命周期理论考察其与管理层权力和内部控制质量的关系。研究发现，家族上市公司的内部控制质量随企业生命周期呈现下降的变化趋势，且在成长期和非成长期的差异显著：处于成长期的家族上市公司内部控制质量显著较高，处于非成长期的家族上市公司内部控制质量显著较低。CEO（首席执行官）权力对内部控制质量的作用会随企业生命周期发生变化：在成长期，结构权力、专家权力与内部控制质量显著正相关，所有权权力与内部控制质量显著负相关；在非成长期，专家权力、所有权权力与内部控制质量显著负相关。进一步研究发现，实际控制人自任CEO与内部控制质量显著负相关，且在专家权力与内部控制质量之间具有正向调节作用；亲缘关系越强的家族成员任CEO，内部控制质量越低，且亲缘关系会增强所有权权力对内部控制质量的抑制作用。

第五章研究管理层权力、内部控制质量与高管腐败的关系。笔者根据媒体曝光的上市公司年报，手工搜集整理2009—2012年中国上市公司高管腐败信息，从管理层权力配置和内部控制质量角度检验其与高管腐败间的关系。研究发现，管理层权力越大，越可能引发高管腐败行为，但内部控制质量的提高会减少管理层权力对腐败的诱发作用。

第六章研究管理层权力、内部控制质量与在职消费和过度隐性私有收益的关系。本章选取我国2009—2012年A股国有上市公司作为样本，手工搜集在职消费和过度隐性私有收益数据，考察三者之间的关系。研究发现，高质量内部控制能有效控制高管在职消费和过度隐性私有收益。

第七章研究管理层权力、内部控制质量与盈余管理的关系。本章选取2009—2012年A股央企上市公司作为样本，检验央企总经理权力、内部控制质量与盈余管理间的关系。研究发现，央企上市公司内部控制质量与应计盈余和真实活动盈余显著负相关；总经理结构权力对内部控制质量与应计盈余间的关系具有负向调节作用；总经理专家权力和声誉权力对内部控制质量与应计盈余之间的关系具有正向调节作用。

第八章为全书研究结论、研究建议以及研究局限和未来展望。

本书的创新点主要体现在以下几个方面：

第一，突破单一从"经济人假设"和委托代理理论角度分析的模式，基于企业家理论，从产权制度差异角度分析管理层权力对内部控制质量的影响，丰富了内部控制研究的相关文献。

第二，本书系统研究了我国家族上市公司内部控制质量的影响因素。研究发现，家族上市公司内部控制质量具有生命周期效应，这丰富了内部控制研究成果。另外，本书从动态角度考察不同维度权力对内部控制质量的影响，相关结论突破了仅仅局限于公司和行业特征研究其对内部控制质量的影响，而从家族企业中人的角度探讨内部控制质量影响因素，是对内部控制研究的有益补充。

第三，本书从内部控制制度的经济后果出发，建立管理层权力、内部控制质量与高管腐败之间的关系模型，探寻高管腐败的诱发因素及治理对策，这一方面丰富了内部控制经济后果的相关文献，另一方面为我国上市公司优化公司治理结构提供了新的思路。

第四，本书从内部控制质量角度分析了内部控制对我国国有上市公司在职消费和过度隐性私有收益的作用，丰富了在职消费的研究文献并为我国国有上市公司薪酬激励提供了新的思路。

第五，本书探讨了结构权力、专家权力、声誉权力和政治权力与内部控制质量及应计盈余的关系，这对优化上市公司内部控制质量建设具有一定积极意义。

著者

2021 年 5 月 30 日

目录 MULU

第一章 绪论

第一节 研究背景

一、理论背景

理论背景之一：委托代理问题研究进一步深入

自 Jensen 和 Meckling[1] 提出代理成本理论以来，公司治理问题大多从委托代理理论视角展开。代理人行为受到许多复杂因素的影响，已有学者从不同视角对其进行研究。委托代理问题从对象上包括股权所有者与管理层之间以及大小股东之间的代理冲突，从动机上包括道德风险与融资决策的关系及声誉机制与投资决策的关系等。已有大量文献研究了由管理层和股东之间的第一类代理冲突引发的"构建经理帝国""偷懒、滥用自由现金流"等代理问题。随着公司治理研究不断深入，我们需从新角度探讨股东与管理层之间的代理问题，这对深入分析管理层行为大有裨益。随着现代公司治理体制不断改革，各层级人员分工逐渐明确，管理层负责"提议"和"执行"企业内部经营决策，董事会负责"监督"。股东大会或董事会作为批准管理层提议的"橡皮图章"，而管理层成为公司实际运行的执行者，在制定和做出重要决策过程中发挥关键性导向作用。委托代理理论假设行为人是理性经济人，遵循个人效用最大化原则行事，从而导致委托人与代理人之间的代理冲突。为了降低由此引发的代理成本，委托代理理论提出以下解决方案：第一，设置激励契约，采用薪酬、奖金或股票期权激励来满足管理层需求；第二，加强董事会治理；第三，外部接管市场和对管理层施加压力。然而在现实中，管理层并非被动接受股东激励约束，信息不对称、管理层人力资本专用性、职位相关控制权损失的不可补偿性以及离职后转换工作的成本，使管理层具有固守职位的动机，从而使管理层产生防御行为。管理层可利用职权增加在职消费、

1

为掌握更多资源或获得更高报酬进行过度投资、为取得建立在业绩考核指标上的报酬进行盈余管理及利用权力寻租。学者们[2][3]认为管理层防御本身是代理问题的一部分。Fama 和 Jensen[2]认为，股东与管理层代理问题中最严重的为不称职管理层对解聘行为的抵制。Howell 和 Stover（2002）研究发现，股东与经理之间的代理冲突随管理防御动机增强而增加。因此，管理层防御行为成为代理问题中不可忽略的主题并使代理问题更复杂。

理论背景之二：管理层权力理论研究深化

委托代理理论认为，为管理层提供足够数量的激励可解决管理层与股东之间利益不一致的问题。最优契约理论认为，董事会作为股东利益代表，主要负责维护并积极争取股东利益。从公司法角度看，董事会拥有聘任管理层及制定薪酬方案的权力，并能够制定符合成本效益原则的激励契约。管理层由于更关注获取足额报酬和更高的职业声誉，因此与董事会签订薪酬契约时可能会与董事会成员讨价还价。然而，大量研究表明，管理层在很大程度上能影响甚至决定自身薪酬。比如，Crystal（1991）发现管理层与股东在谈判过程中往往能掌握大部分主动权，因此自身薪酬一般较高。Main（1993）则发现，公司 CEO 往往能牢牢控制董事会成员的提名过程。由此，学者们的研究热点开始转向管理层权力对自身利益的影响。委托代理理论预期在较好的监督机制下（如薪酬契约、董事会和市场机制），当公司业绩增加时 CEO 薪酬也会相应增加；当组织治理结构较薄弱时，拥有权力的 CEO 会采取实现个人利益的行为，包括以牺牲股东利益为代价获取薪酬契约。委托代理理论承认 CEO 和股东关系中权力的存在[4]。委托代理理论认为股东可以对代理人施加影响，代理契约通过董事会实施，董事会拥有制定薪酬契约和解雇 CEO 的权力，其中董事会监督机制和终止威胁（termination threat）被认为是股东权力的来源。不维护股东利益将会使 CEO 面临严重后果，如 CEO 不恰当的行为可能导致其收入减少、被解雇或声誉受损。

然而，委托代理理论认为代理人能够通过信息不对称、股权分散①、非程序化任务②和防御行为这四种权力基础消除股东影响。信息的不对称性使能够控制

---

① 分散的股权会稀释股东的监督权，为管理层提供利用权力谋取私利的机会。

② 当企业的一个职位由大量不可程序化的任务构成时，就会很难确定该职位的绩效标准和收益，从而难以对该职位的人员的行为进行控制（Eisenhardt，1988）。非程序化任务使得董事会成员无法对此进行严格评价，也难以对决策效果进行科学评估，从而为管理层获取更大权力提供了与股东和董事会谈判的机会。

组织信息的 CEO 采取机会主义行为。相对于董事会中其他成员而言，CEO 与公司其他部门人员有持续交流，从而使其能成为组织中的专家。董事会成员往往在决定公司行为或确定 CEO 是否以公司利益为目标时要依赖 CEO 获取的组织信息。董事会成员对 CEO 的依赖构成 CEO 的权力基础（Conyon et al., 1998）。CEO 为确保实现自身利益，往往可以保留信息或有选择性地呈报相关信息给董事会。程序化任务是指职位可以被相应界定和计量。当职位由一系列非程序化任务构成时，由于涉及的业绩标准和奖励是复杂的，此时很难控制现任 CEO 的行为。高管职位的非程序化特征、信息的不对称性及 CEO 行为无法被完全观测使董事会成员和股东很难有效考核和监督经理人员的行为。在董事会成员无法严格评价其行为的情况下，非程序化任务使 CEO 有权力追求给他们带来私利的行为。委托代理理论探讨了 CEO 防御行为的两种基础：一种基于董事会内部和外部董事的不对称性[2]；另一种基于 CEO 担任董事会成员的任期（Murphy, 1986）。

从结构权力来看，CEO 处于组织中权力最高的职位，CEO 的权力合法化导致组织层级结构中较低职位人员服从其权力。当董事会成员构成中内部董事人员较多时，下属的服从更能使其计划得到支持。同时，研究发现，作为公司董事会成员的 CEO 可能会增加其偏好的外部董事，且研究表明 CEO 任期长短与内部董事人数显著正相关。Tosi 等[4]的研究表明，随着 CEO 任期的增加，其控制董事会成员的机会增多，这些董事更可能服从 CEO 的指令，管理层防御会使 CEO 采取更适合自身利益的行为。在缺乏董事会成员严格评估的情况下，CEO 并未局限于追求股东利益，防御型 CEO 可自由实现自身目标，典型表现为 CEO 更偏好扩大公司规模。理论上，委托人可以通过董事会、薪酬契约和任期威胁来指导代理人行为。委托代理理论承认当代理人实施的努力在被地理位置上分散和被无效董事会监督时，股东的权力将弱化。代理人可以通过对组织知识的控制、非程序化任务和防御行为使董事会监督无效。结构权力和所有权权力能使 CEO 有效处理来自公司内部的不确定性，包括雇员、股东和董事会成员之间的关系。CEO 可以通过控制下属的行为降低来自内部资源的不确定性。CEO 通过拥有较多内部董事人数来获取董事会成员的支持，且内部董事成员的结构权力允许 CEO 追求个人私利。所有权被认为是组织内部重要权力的来源之一，拥有所有权的 CEO 给予股东通过投票来影响企业战略决策的权力。专家权力和声誉权力可能会降低来自组织外部环境的不确定性，包括客户、供应商和政府等外部利益方的不确定性。专家权力使

CEO 与公司外部成员有大量联系，CEO 通过多样化经验建立的联系越多，越有能力确保资源安全和降低来自公司外部环境的不确定性。专家权力作为社会权力的重要基础，其与下属和同事的影响力存在显著差异。当 CEO 在公司有大量经验时，董事会成员可能会依赖于 CEO 的知识。声誉通常被描述为能从外部获取重要信息。对 CEO 而言，声誉是权力的来源，因为董事会成员更可能服从有优先获取资源特权的个人。进一步，董事会成员可能会服从久负盛名的 CEO。特别是对有较好业绩的公司而言，CEO 可以获得更高的社会地位并且有机会获取属于董事网络的资源。然而，由于董事会监督不力、股东控制分散和市场机制薄弱等原因，管理层权力往往沦为代理问题的一部分，成为管理层防御的工具。从董事会治理角度来看，股东在现代公司治理中并不会直接参与管理层薪酬契约的签订，董事会作为中介间接参与制定契约。然而，由于现实中存在一系列扭曲董事会和股东利益一致偏好的行为，此时董事会可能会考虑 CEO 而非股东的利益。原因可能有以下两点：第一，董事会成员是为了稳固自己的工作，如果反对 CEO 的意见将大大增加其不再被提名为董事会成员的风险；第二，CEO 可向董事会成员服务的公司施加影响，从而帮助公司董事会成员取得更多好处。比如，Core 等（1999）的研究指出，当董事会成员较多且公司外部董事由 CEO 任命时，CEO 的薪酬相对较高。Shivadasani 等（1999）研究发现，CEO 通过参与新董事会成员的选举来降低自身监管压力。从外部市场机制来看，劳动力市场会影响管理层的动机和行为，由于控制权市场存在潜在收购方，管理层必须使其具有足够吸引力才能使潜在资金供应者自愿向企业投资，从而增强企业在产品市场的竞争力。对控制权市场和资本市场的研究发现，管理层对薪酬契约施加的影响并没有想象中那么强，并与最优契约理论存在重大偏差。比如，当企业遭遇控制权市场收购的威胁时，管理层通常会采取大量反收购防御行为。控制权市场使管理层存在攫取控制权私利的行为。从股东对公司的影响来看，股东可直接采取措施影响董事会成员的行为，从而使管理层行为符合股东利益，具体措施包括股东起诉董事会成员、否决股票期权计划并提出针对性建议。但只有当股东为控股股东或在公司董事会成员中占多数席位时，这些措施才能够起到约束管理层的作用。我国学者对该主题的研究主要集中于管理层权力产生的经济后果，相关研究从管理层权力对薪酬的影响开始，逐步转向对风险承担、董事会治理效率、董事会成员聘任过程、分析师盈利预测、信息披露动机和治理效率等方面。这些研究取得了相关经验证据，证明了管理层权力对薪酬、风险承担、高管变更等领域的影响，初步揭示了隐含在组织运行中的重要因素所产生的经济后果，并深化了理论界和实务界对管理层权力的理解，但仍然存在管理层权力不同计量标准之间逻辑关系模糊、实证研究理论视角单一及其产生的经济后果的范围有待拓宽等问题。因此，从这些角度来看，现有的对管理层权力的研究还远远不足，还需要学者做出进一步努力。

二、实践背景

2008 年，五部委颁布的《企业内部控制基本规范》及后续配套指引规定，企业应披露内部控制有效性年度自我评价报告并聘请会计师事务所对其发表审计意见。内部控制作为投资者利益保护的重要制度安排构成公司治理的重要基石，其设计和执行的有效性会对投资者利益乃至全球资本市场产生重要影响，也成为学术界和实务界研究的热点。《企业内部控制基本规范》明确规定管理层和董事会分别为内部控制建设的执行和责任主体，董事长为内部控制建设的总责任人，管理层（尤其是掌握实际经营决策权的行政负责人）在企业内部控制建设过程中扮演"中心角色"。然而，由于董事会监督不力、股东控制分散和市场机制薄弱等原因，管理层权力往往沦为代理问题的一部分，成为管理层防御的工具。比如，在2004 年中航油新加坡公司事件中，由于总经理陈久霖私自进行境外石油期权投资，给公司造成 5.5 亿美元的亏损，从而迫使公司向外寻求债务重组。中航油新加坡公司事件产生的原因在于公司内部控制环境基础较差，集团公司既缺乏监督中航油公司内部的有效控制制度，又无法有效控制境外上市的子公司（韩婷 等，2005）。从公司组织结构来看，股东大会、董事会及公司中层和基层组织结构形同虚设，组织结构的设计缺乏合理性，导致企业缺乏科学的决策运行机制。陈久霖担任集团副总和公司总裁，同时担任公司全权代表和实际监督者，从而使其履行委托人权利和代理人义务时角色存在冲突，形成"自己监督自己"的局面，无法形成实质上的权力制衡，从而出现凌驾于内部控制机制之上的行为，给企业造成极大的损失。随后发生的中石化陈同海相关事件、中石油蒋洁敏相关事件及2010 年中国人寿查处 47 名新华人寿高管购买"天价保险"等事件都是"涉案一把手"利用拥有的权力进行寻租，与企业内部控制失效或高管权力配置失衡紧密相连（Hirsch et al.，2009）。在企业科层组织结构中，高管同时担任决策者和监督者，基层执行者同时担任执行人和被监督人，从而形成委托代理关系。在委托代理理论下，由于委托人与代理人目标效用函数存在差异以及信息不对称，便产生了道德风险①和逆向选择②。

第二节　问题的提出

从权力视角来看，权力是企业资源配置效率和利益分配的重要影响因素，是行为主体之间及组织成员在互动中拥有的获取优势的能力，或构成其他行动者调用、使用资源的能力（费埃德伯格，2005）。Finkelstein[5]将委托代理理论等同于权力理论，认为由于委托代理理论局限于信息不对称机制下激励制度设计的分析，往往忽略了权力执行的具体机制及权力的谈判机制，因此无法有效处理"权力创造"等问题（刘元春，2005）。此时，权力被看作自利行为或个人克服监管限制的能力而给股东带来的成本。然而，心理学和社会学的一些观点则认为，权力包含一些积极因素，如为公司赢取关系资源、与商界精英组成关系网络及得到其他公司认可等。在现实中，人作为复杂的社会人，高管作为公司的精英，在企业决策过程中，权力通过什么途径产生何种影响，实际上是一块远未开垦的沃土。基于此，以转型时期的证券市场为背景，研究管理层权力配置结构、内部控制质量与管理层防御之间的动态关系无疑具有重大的理论和实践意义。本书力求在分析和论证的基础上，揭示我国企业管理层权力对管理层防御的作用及内部控制机制的调节作用，并就深化企业管理层激励和监督问题的研究展开了新的探索。

---

① 道德风险由西方经济学家于20世纪80年代提出，是指"从事经济活动的人在最大化自身效用时做出的不利于他人的行为"，它是代理人利用所拥有的信息优势采取的行为，该行为的隐藏性使契约的委托方无法观察和监督，从而增加了委托人损失与代理人获利的可能性。

② 逆向选择是一种由于信息不对称而导致市场资源配置扭曲的现象，它是由于制度安排不合理造成的，而并非任何一个市场参与方事前选择的结果。

第三节　研究意义和目标

一、研究意义

（一）丰富了管理层权力理论

权力是资源配置效率和实际利益分配的重要影响因素，因此权力已经成为经济学和管理学学者关注的重要范畴。已有的研究已经突破了对"权力"指标进行衡量的瓶颈，发现了高管权力对薪酬、风险承担、高管变更、公司绩效、市场反应、证券分析师预测等领域影响的经验证据，初步验证了管理层权力这一隐含于组织运行中的因素所产生的经济后果。但有关管理层权力的研究仍然存在以下三点不足：高管权力不同衡量指标之间的逻辑关系模糊、实证研究的理论视角单一（委托代理理论是高管权力实证研究的主要视角）以及经济后果的研究范围有待进一步拓展。本书针对不同产权制度下管理层权力的形成来源差异，厘清不同种类权力之间的关系。同时，本书结合企业不同生命周期，分析管理层权力呈现的差异化特征，有助于理解企业内部情景对管理层权力的影响。此外，本书研究管理层权力配置与内部控制质量关系以及管理层权力与高管腐败、盈余管理和在职消费之间的关系，为"管理层权力"的实际运用提供了经验证据。

（二）为我国上市公司内部控制制度改革的经济后果提供了新的分析视角

《企业内部控制基本规范》及配套指引要求企业披露内部控制有效性年度自我评价报告，并要求会计师事务所对该报告发表审计意见。内部控制机制作为外部投资者利益保护的重要制度安排，其设计和执行的有效性将对投资者利益乃至全球资本市场产生重要影响，也成为学术研究的热点话题。现有关于内部控制有效性的研究，主要从管理层诚信和道德价值观、董事会和监事会的会议频率、管理层风险偏好、股权集中度等角度进行研究。在我国特殊的制度背景下，管理层权力形成来源不同，导致权力分布呈现不同特点，从而将对内部控制质量产生影响，但现有文献缺乏对这一问题的研究。本书从管理层权力配置视角分析管理层权力与内部控制质量关系，丰富了内部控制理论的研究视角，并为其制度建设提供了经验证据。同时，本书进一步分析管理层权力、内部控制质量与管理层防御之间的关系，一方面丰富了内部控制制度经济后果的相关文献；另一方面为完善公司治理中的微观治理提供了必要的理论借鉴和经验证据。

（三）为规范管理层防御行为提供了新的分析视角

现有关于管理层防御行为的研究主要集中在自由现金流、资本结构、薪酬契约及债务期限结构等领域，而鲜少涉及管理层权力配置及内部控制，本书将管理层防御表现方式分为高管腐败、在职消费及盈余管理等方式，分别研究管理层权力配置及内部控制质量与其关系，为规范管理层防御行为提供了新的分析视角。

二、研究目标

本书综合委托代理理论、管理层权力理论、管家理论、企业家理论及生命周期理论等，在结合国内外理论和实践的基础上，采用规范研究和实证研究相结合的方法，系统研究管理层权力、内部控制质量与管理层防御三者之间的关系。本研究具体内容如下：

（1）产权制度、管理层权力与内部控制质量的关系。
（2）企业生命周期、管理层权力与内部控制质量的关系。
（3）管理层权力、内部控制质量与高管腐败的关系。
（4）管理层权力、内部控制质量与在职消费和过度隐性私有收益的关系。
（5）管理层权力、内部控制质量与盈余管理的关系。

第四节　研究方法

笔者在梳理国内外现有文献的基础上，采用从背景考察、机理分析到实证分析和政策启示的思路，并结合规范分析和实证研究的方法进行研究。具体方法如下：

一、文献分析和历史研究法

本书采用文献分析和历史研究法对管理层权力理论、内部控制质量影响因素及管理层防御等重要理论进行认真梳理。

二、实证研究法

本书采用实证研究法检验管理层权力、内部控制质量与管理层防御之间的关系。在实证检验中，重点考虑可能存在的内在关联性问题，采用两阶段回归方法，或采用滞后期变量等方法控制可能存在的内在关联性问题。另外，考虑了产权性质和企业生命周期等因素对其关系的影响。

第五节 研究内容与结构安排

针对公司治理理论和实践发展的新趋势，将管理层权力构成要素及动因、管理层防御的权力基础、非权力影响因素和内部治理因素中的内部控制制度纳入同一研究框架中，研究管理层权力、内部控制质量及管理层防御问题。本书共分为八章。

第一章为绪论，论述本研究的背景及理论和实践意义、研究目标和研究方法等。

第二章主要为理论基础及文献综述，对管理层权力理论、内部控制质量影响因素和管理层防御理论的相关文献进行整理。

第三章阐述产权制度、管理层权力与内部控制质量间的关系并进行实证检验。由于管理层权力的形成会受到不同外部情景和内部情景的影响，从外部情景角度来看，产权制度、法律环境、文化因素及行业特征等因素会对管理层权力产生影响。比如，对我国国有上市公司而言，总经理的聘任受到相关组织部门的任命和考核，若忽略这种非正式治理形式，就会对管理层权力的度量产生影响。因此，第三章分析产权制度、管理层权力对内部控制质量的影响。

第四章分析企业生命周期、管理层权力与内部控制质量间的关系并进行实证检验。由于不同公司面临不同的内部情景，这些内部情景的差异容易使不同公司间失去可比性。即使对处于同一行业中的不同企业，如果所处的生命周期存在显著差异，这些公司管理层权力也存在差异，其对内部控制质量的影响也会存在异质性。因此，第四章研究企业生命周期、管理层权力与内部控制质量之间的关系。

第五章至第七章论述管理层权力、内部控制与管理层防御之间的关系。根据管理层防御的表现形式，可以将其分为高管腐败、在职消费和过度隐性收益以及盈余管理等方式。本书实证部分分别验证管理层权力、内部控制质量与高管腐败、在职消费和过度隐性收益以及盈余管理间的关系。

第八章为本书的研究结论与展望。本章总结本书的研究结论，归纳本书的创新之处，从管理层权力和内部控制角度提出解决管理层防御代理问题的政策建议，并讨论未来的研究方向。

第二章 理论基础及文献综述

第一节 管理层权力综述

一、管理层权力的含义及理论基础

管理层权力的理论基础为委托代理理论。委托代理理论由研究企业内部信息不对称性和激励问题发展而来，创始人包括威尔逊（Wilson）、阿克洛夫（Akerlof）、霍姆斯特姆（Holmstrom）等。委托代理关系随生产力大发展和规模化大生产的出现而产生，委托代理关系中委托人追求个人利益最大化，而代理人追求工资及闲暇最大化或通过建立经理帝国实现在公司的稳定地位。代理人的上述行为会损害公司价值，公司价值和管理层作为所有者时的企业价值差额为"代理成本"。一方面，由于信息的不对称性，以及代理人自身工作能力、对风险的态度及工作努力程度的不可完全观测性，代理人可能会产生"道德风险"问题，从而损害委托人利益；另一方面，当代理人的条件禀赋无法被委托人有效识别时，代理人可能会隐瞒相关信息或通过提供虚假信息的方法签订有利于自身的契约，从而产生"逆向选择"问题。公司内部人员可通过歪曲提供给投资者的信息来谋取利益，从而影响投资者决策。当代理人行为不能被委托人观察和评价时，此时委托人实施的代理契约就会受到阻碍。管理层控制组织资源并且更了解公司活动，这为他们采取机会主义行为损害股东利益创造了条件。经理人拥有更多关于公司的信息并且股东无法完全观测其行为，使得经理人能够采取使个人利益最大化的行为，这些行为往往会损害公司长期绩效并导致委托人遭受损失。在美国资本市场上，大多数上市公司由于股权分散，股东不大可能联合起来执行代理契约。由于大多数股东拥有股票投资组合，他们不大可能监督代理人。因此，公司一般通过薪酬契约、董事会治理和外部市场机制来控制代理人道德风险问题。

由于代理人行为无法被完全观测，委托人一般采用会计指标如资产收益率（ROA）、净资产收益率（ROE）和每股收益（EPS）来衡量公司业绩，当企业业绩达到设定目标时，管理层薪酬就会相应增加。然而，由于公司业绩会受到外部经济和所处行业的影响，主观方法可能被用于决定薪酬水平，当公司治理机制不够完善时，拥有权力的管理层会追求个人私利。委托代理理论认为代理契约涉及CEO和股东之间存在的权力关系，股东可对代理人施加影响，董事会拥有制定薪酬契约和解雇CEO的权力，其中股东权力来源于董事会的监督机制和终止威胁。根据委托代理理论，管理层可以通过信息不对称、股权分散、非程序化任务和防御行为来消除股东的影响。

管理层权力是公司治理领域中研究第一类代理问题的一个重要分支，管理层权力理论对研究高管自利行为具有较好的作用。Finkestein[5]提出权力四因素模型，并将其划分为结构权力、所有权权力、专家权力和声望权力，他认为管理层的工作重心是处理公司（企业）所面临的不确定性，且经理自主权来自其处理内部资源和外部资源不确定性的能力。内部资源不确定性主要来自其他高级管理层和董事会中的董事，外部资源不确定性来自公司的任务和公司所面临的制度环境。在公司治理框架下，高管有动机并可利用所掌握的权力对其行为施加影响。

管理层权力理论认为，由于存在败德行为成本约束，高管并不会公然采取操纵行为，而是将某些操纵行为隐藏起来。高管运用权力并非毫无约束，其过程和其他治理主体施加影响力的过程是相互交错的，因而公司治理框架下不同治理主体间的权力对抗、权力分布也表现出明显的不均衡性。

从公司内部来讲，股东和管理层之间存在自上而下的契约关系和权力制衡关系，权力的配比会影响契约制定过程和执行效果。其中，股东通过监督、激励、解聘或声誉机制来约束管理层权力，而管理层则可通过信息不对称性、股权分散化、任务的非程序化等方式来维护自身权力。

二、管理层权力文献综述

国内外学者对管理层权力的研究最初集中于其对薪酬的影响，然后研究其对企业风险承担、董事会成员构成及监督效率、分析师盈利预期及治理效率的影响，并获得了丰富的成果。

（一）管理层权力与薪酬契约

在委托代理理论框架下，薪酬契约是解决股东与经理人之间代理冲突的激励机制，合理的薪酬契约能提高组织效率。Grabke-Rundell 等[6]将委托代理理论和权力行为假设与 Finkelstein[5]的权力计量方法相结合，提出了解释高管薪酬的模型。Van Essen[7]研究发现，管理层权力理论可用于对核心薪酬进行解释，但并不适用于解释薪酬业绩敏感度。当 CEO 能影响薪酬决定机制时，他们往往能获得较高的收入；当董事会权力较大时，CEO 薪酬较低，表明权力型董事会能较好地将薪酬与绩效挂钩。Jing Chen 等[8]发现，CEO 结构权力和声誉权力与高管薪酬显著正相关，并进一步将 CEO 是否兼任党委书记作为政治权力的度量，但并未发现政治权力与高管薪酬之间存在显著相关性。Grabke-Rundell 和 Gomez-Mejia[6]提出CEO 结构权力允许他们追求自我收益，包括获取较高金额的薪酬。Lambert 等[9]认为，CEO 通过拥有公司股票增加的所有权来影响董事会决策、公司业绩评价标准和他们的薪酬水平。Morse 等[10]研究得出，权力型 CEO 能获得更有利的薪酬绩效指标。

国内学者对管理层权力与薪酬影响的研究得出了很多有代表性的观点。王克敏等[11]发现，高管控制权的增加能够提高其自身薪酬水平。卢锐等[12]发现，管理层在职消费在管理层权力较大的企业中比例显著较高，但绩效却并无显著改善。吕长江等[13]研究得出，权力型高管可以决定自身薪酬方案，并同时实现权力收益和高货币性补偿，而非权力型高管则在薪酬方案中更注重货币收益，并会通过虚增利润达到薪酬考核标准。吕长江等[14]研究得出，公司可采用改善激励条件和延长激励期限来强化该方案的激励效果，且当管理层在激励机制设计中实际权力较大时，股权激励计划能给管理层带来福利。权小锋等[15]则发现，对于我国国有上市公司而言，管理层权力与其获取的私有收益成正比。他们认为对于中央国有企业而言，高管偏好非货币性隐性收益；而对于地方性国企而言，高管更偏好货币性显性收益。他们进一步的研究发现，权力型高管会通过盈余管理来操纵公司绩效薪酬。王烨等[16]通过研究管理层权力与股权激励方案中机会主义行为的关系发现，CEO 权力较大时，其股权激励计划中初始行权价格较低，而在我国外部治理机制缺失时，高管可能利用控制权来影响股权激励方案。Bebchuk 等[17]则发现，管理层权力理论并非解释管理层报酬的唯一要素，管理层权力未必使经理的激励薪酬与企业业绩挂钩，而管理层能力和谈判地位也会相应影响其自身薪酬。

（二）管理层权力与企业风险承担

管理层出于保护自身人力资本的需要，表现出的风险规避倾向高于股东的预期[1][18]，因而公司治理需通过相应机制改变代理人风险规避程度，使其与委托人利益一致[19]。董事会承担制定有效治理措施来鼓励管理层承担风险[20]及监督管理层降低信息不对称程度等责任[21]。Lewellyn 等[22]从抵制理论视角分析权力在委托代理理论框架内如何推动高管承担额外风险，并发现 CEO 权力与额外风险承担呈正相关关系。从法律上来讲，董事会具有权力优势，董事可最终做出聘任和解聘 CEO 的决策。当 CEO 权力较大时，他们可能在战略决策过程中阻止董事会成员介入，并从本质上对董事会进行隐性控制，使其行为与自身利益一致[23]。Adams 等[24]研究发现，CEO 结构权力较大的公司的股票收益率波动性更大。Galema 等[25]以印度的小额贷款机构为样本进行研究，发现权力型 CEO 的决策自由度更高，在决策过程中更容易极端化，进而增加了经营风险。Pathan[26]研究董事会成员构成及 CEO 权力与风险承担间的关系后，发现较少的董事会成员、较多的独立董事和股东权力未受限等均与风险承担显著正相关。权小锋等[27]的研究也验证了 CEO 权力越大，公司经营风险越大但经营业绩越高的结论。

（三）管理层权力与其他研究

还有学者研究管理层权力对财务分析师盈利预期、信息披露动机和治理效率的影响。Hermalin 等[28]研究发现，董事会效率随 CEO 相对董事会权力的增加而下降。Fracassi 等[29]则发现，权力型 CEO 更倾向于聘请与 CEO 有关联关系的董事，CEO 会利用权力影响董事聘任。Karaevli 等[30]研究得出，当公司经营较为稳定时，从外部聘任的 CEO 权力较小，公司会较少进行战略变革。Mande 等[31]研究得出，高管团队中 CEO 相对权力与分析师盈利预期显著正相关，其发挥作用的机制是通过 CEO 权力来影响信息披露动机，进而影响信息环境，最终影响分析师对该公司分析的动力。Jiraporn 等[32]认为，CEO 权力可以影响其披露信息的动力，CEO 披露的信息会影响企业信息环境进而影响分析师跟踪动力。结果表明，在 CEO 权力较大的公司中，分析师数量较少，且公司信息不对称程度较低。该结果说明，CEO 权力会影响公司信息透明度。Bebchuk 等[33]发现，CEO 在公司较强大的主导地位与较低公司价值和较差会计盈利能力有关，且 CEO 主导地位较强的公司更可能做出破坏公司价值的并购决策。Liu 等[34]发现，债权持有人将 CEO 权力作为债务成本的重要决定因素，就债券收益而言，CEO 权力较大的公司债务成本较高且债权评级级别较低。Hambrick 等[35]发现，管理层决策权会弱化 CEO 特征与组织结果之间的关系。国内学者刘星等[36]分析了管理层权力与治理效率的关系，研究得出企业管理层变更与绩效显著负相关。随着管理层权力的增加，高管由于较低的绩效被强制更替的可能性降低，而权力型高管更替后业绩的改善并不显著，反而在权力较小的样本中出现治理效率提升的现象。

三、管理层权力的度量

衡量管理层权力时，采用的指标包括 CEO 任期、持股比例、CEO 职位状况、是否内部晋升、CEO 与董事会持股数量和薪酬比、CEO 与公司外部董事会成员的关系、创始人持有股份比例、董事会成员人数、独立董事与公司工作地点的一致性、管理层持股多少、管理层任期、公司股权分散度、国企控制链条深度、继任董事会成员声誉及最后任职公司业绩、CEO 学历和职称状况、CEO 在外单位任职情况及 CEO 是否有创始人背景等。Finkelstein[5]将权力分为结构权力、专家权力、所有权权力和声誉权力，并提出了相应的衡量标准，具体内容如下：

（一）结构权力

结构权力由组织科层结构决定，CEO 居于科层组织结构的顶端。该权力使 CEO 可以通过控制下属和资源，管理公司面临的不确定性。结构权力被认为能使 CEO 有效处理公司内部的不确定性，包括 CEO 与公司雇员、股权所有者和董事之间的关系。高管可以通过控制下属行为降低来自内部资源的不确定性。Finkelstein[5]使用高管中高级职称人数比例、目前的薪酬和头衔数量来衡量结构权力。权小锋等[15]及徐细雄等[37]采用 CEO 与董事长是否兼任及 CEO 是否来自公司内部董事衡量结构权力。若 CEO 两职合一，此时 CEO 权力较大，会影响董事会议程及确定提交董事会的信息等，这将削弱董事会的监督能力。

（二）专家权力

专家权力被认为能降低来自组织外部环境的不确定性，包括与客户、供应商和政府之间的关系。CEO 若在某些领域具有长期的从业经验或有较高职称，表明他在该领域具有专业才能，在公司相关知识和信息上较一般董事更具优势。CEO

在较长的任期下，一般更熟悉企业关键问题，另外经过较长时间的内部经营容易树立自身在管理团队中的权威，从而使董事会对其控制随任期的增加而减弱。Mintzberg[38]研究得出，CEO任期的延长会使其他成员分享他们的观点，这有利于进一步增加CEO的权力。CEO任期与TMT（高管团队）风险承担正相关，任期较长的CEO更能通过TMT承担更多风险。其中Finkelstein[5]采用职位数目、职能性经验和关键经验作为测量标准；权小锋等[15]采用CEO是否为高级职称及CEO任职年限是否够长来衡量专家权力；徐细雄等[37]采用CEO是否长期在任及是否从企业内部晋升来衡量专家权力。

（三）所有权权力

所有权被认为是组织内部重要的权力来源之一。拥有所有权的CEO作为公司所有者给予了股东一定的投票权来影响企业战略决策。当CEO持股比例越大，其控制董事会选举过程的能力就越强。Denis[39]认为CEO拥有的股权在一定程度上可以让他们远离公司内部机制，往往使董事会难以将其解雇。CEO或其亲属是否为创始人是所有权权力的重要表现，若创始人或其亲属任CEO，其控制董事会的能力就更强，所有权权力效应也更显著。随着我国投资机构的发展，机构投资者的核心功能是对企业经营管理决策实施外部监督，其对制约管理层决策权具有重要作用。对于所有权权力，Finkelstein[5]采用经理持有的股份、家族持有的股份和亲戚是否为创始人来衡量；权小锋等[15]采用CEO所在企业机构投资者持股水平来衡量所有权权力；徐细雄等[38]采用CEO是否由控股股东委派及公司股权是否分散来衡量所有权权力。

（四）声誉权力

声誉通常被描述为能从外部重要来源获取信息。CEO声誉来源于其是否为社会公认精英管理群体中的成员。有良好声誉的CEO能帮公司获取更多支持并降低外部环境不确定的负面效应。对CEO而言，声誉是权力的来源，因为董事会成员更可能服从于有优先获取资源特权的个人。董事会成员可能会屈从于久负盛名的CEO，因为他们能结识来自更高社会阶层的CEO。特别是对有较好业绩的公司而言，CEO可以获得更高的社会地位并且有机会获取属于关联董事网络之间的资源。有学者认为，组织间治理的介入能使CEO更好地理解公司利益。多个董事会成员将CEO放在商业社交圈并给予CEO有关公司资源的更多信息。进一步来说，大量社会关系能够增加 CEO 声誉和商业社区的能见度。CEO 获取声誉的途径包括担任其他公司董事或者毕业于名校，或者拥有高学历等。对于声誉权力，Finkelstein[5] 采用董事在公司担任职务的数量、董事在非营利组织兼职数量、董事会级别和精英教育程度来衡量；权小锋等[15] 采用 CEO 是否具有高学历及是否在外兼职衡量声誉权力；徐细雄等[37] 采用 CEO 是否拥有高学历（硕士及以上）及 CEO 是否在其他单位兼职来衡量。通常，学历越高和在外兼职越多的 CEO，越重视自身声誉，从而有利于提升自身权力。

四、小结

已有关于管理权力的研究在薪酬、风险承担及高管变更等领域取得了一些经验证据，揭示了权力所产生的经济后果，加深了理论和实务界对管理层权力的理解，但仍然存在需要改进之处。

首先，不同权力指标间逻辑关系模糊。目前文献中存在管理层权力指标计量用相同指标测度不同概念，或用不同变量表示相同概念的现象。

其次，实证研究理论基础单一。管理层权力实证研究的理论基础主要是委托代理理论。委托代理理论忽略了权力的具体实现机制，无法有效解决"权力创造"的问题。在委托代理理论下，当股东和董事会监督无效时，管理层才能获取相应的权力。此时，权力是由于自利行为或为克服监督限制而给股东增加的成本。但实际上，心理学家和社会学家的观点认为，权力包含积极因素，如权力型 CEO 为公司带来关系资源及与企业精英结成关系网等。例如，社会心理学学者从社会影响角度对权力的作用机制进行了相应探讨。但管理层权力在企业决策制定过程中发挥作用的路径仍旧是一个黑箱，尚待进一步研究。

最后，管理层权力引发的经济后果的研究范畴有待进一步拓展。现有学者主要研究管理层权力对管理层薪酬、风险承担、管理层变更、公司业绩、董事会效率、市场反应及分析师预测等方面产生的影响，其理论基础仍然是委托代理理论。如果将权力看作拥有权力的主体在与组织成员互动中获取优势的能力，则权力对组织运营的影响将是深远的。此时，权力对企业投资、经营战略、研发活动及创新能力等活动将产生实质性影响，但现有研究较少涉及这些方面。

第二节　内部控制质量综述

一、内部控制的概念

安然公司破产案等一系列事件爆发后，美国于 2002 年 7 月颁布了《萨班斯法案》（以下简称"SOX 法案"）。SOX 法案中 404 条款要求上市公司审计师对被审计单位财务报告内部控制有效性的自我评价报告进行鉴证，美国公众公司会计监督委员会的第 2 号审计准则要求将内部控制审计和财务报表的审计整合在一起进行。随后，美国证监会于 2003 年 6 月发布了第 33-8238 号公告，对公众公司财务报告内部控制的披露做出了具体规定。内部控制理论最早于 1949 年由美国会计师协会正式提出，随后，学术界和实务界对其研究主要从两方面入手：一种是从实务出发，探寻内部控制机制失效的前兆；另一种是从管理理论入手，探讨影响内部控制质量的因素，并寻求提高内部控制质量的方法。有关内部控制的研究，学术界存在如下观点。美国管理控制专家罗伯特·西蒙斯等将控制归结于企业管理信息系统的构成要素，其将内部控制定位为信息系统的一个组成部分。罗伯特·西蒙斯在《组织设计》中提出内部控制为实现企业战略与结构、责任制与适应性及自利行为与使命成功之间的平衡提供保证，并指出内部控制制度建设的步骤，包括决定控制对象、定义和定位顾客、压力创新和责任分析、运用控制措施、构建控制框架、修正控制方向及优化企业控制系统以求达到战略和环境的动态平衡。

随着 SOX 法案对全球资本市场的影响日益广泛，特别是当我国内部控制建设纳入轨道后，内部控制基本理论的研究日益成为理论界重要研究议题。1958 年美国注册会计师协会公布的《第 29 号审计程序公告》中，将内部控制划分为会计和管理控制两类，其中管理控制包括贯彻公司管理方针及提高经营效率的方法和程序；会计控制则包括保证企业财产安全以及会计记录准确性和可靠性的方法和程序，此类划分方法容易误导人们分别建立会计和管理控制体系。美国科索委员会（COSO）1992 年发布的《内部控制——整合框架》认为，内部控制是董事会、管理层和其他员工实施的，目的在于确保报告可靠性、经营效率和效果及法律法规的合规性的过程。其中，控制环境为内部控制的基础，由行为、政策和程序组成，具体内容包括管理层是否正直诚实、董事会或下属审计委员会的参与程度、管理层的管理风格和管理思想、组织结构和企业人力资源政策与实务构成等。COSO 2004 年颁布的《企业风险管理——整合框架》中指出，风险管理框架涵盖了内部控制，并将其分为企业内部环境、目标设定、事项识别、风险评估过程、风险应对措施、控制活动、信息与沟通及监控八要素。该八要素注重对风险的控制，体现风险导向原则，并且该框架突出人文因素的重要性，认为企业的核心由人组成，人的品德，包括诚实与否、价值取向、专业胜任能力等对企业至关重要。《内部控制——整合框架》（2013 年）则将内部控制目标定位于运营、报告和合规性三方面目标的实现。其中运营目标包括实现组织运营的效率和效果、达到财务业绩目标以及保护资产以避免损失等。报告目标是指保证企业内外部的财务和非财务报告的可靠性、及时性和透明度等。合规性目标是指遵循组织所适用的法律法规、规章及相关制度规定。1992 年的 COSO 框架的三个目标中有一个是财务报告目标，这个财务报告指的是外部财务报告，比如上市公司年报或季报等。而在 2013 年的 COSO 框架中，报告目标涵盖外部和内部财务报告及内部和外部非财务报告，进而扩大了 COSO 内控框架的适用范围。2013 年的 COSO 框架将内部控制五大构成要素分解成 17 个原则来诠释与每个控制要素相关的基本概念。综上，内部控制可理解为：第一，内部控制嵌入企业经营管理过程中，并与其整合在一起；第二，从作用机制来看，通过构成要素间多方融合和交叉作用于经理管理行为；第三，从作用范畴来看，内部控制随企业发展而将作用的范围不断扩大；第四，从作用效果来看，内部控制的有效性会随着理论和实践不断完善而逐步提高。

国务院于 2005 年以国发〔2005〕34 号文件批转了中国证监会《关于提高上市公司质量的意见》，专门针对上市公司建立健全内部控制制度及进行相关信息披露提出了相应要求。2006 年上交所颁布《上海证券交易所上市公司内部控制指引》，要求上市公司披露内部控制年度自我评价报告以及会计师事务所对自我评价报告出具的鉴证意见。2008 年，《企业内部控制基本规范》将内部控制的目标定位为合理保证经营合法合规、资产安全、财务报告真实完整，并提高经营的效率和效果，从而促进实现企业发展战略的过程。随后，五部委于 2010 年颁布了配套指引（应用指引、评价指引及审计指引），指引中要求，企业应该定期自我评价内部控制有效性并聘请会计师事务所对内部控制自评报告发表鉴证意见。内部控制融入企业管理中,与企业经营效率和效果、报告的可靠性及合规性等目标相关。《企业内部控制基本规范》将控制环境和监督设定为内部环境和内部监督,更加凸显"内部"特征。综上可知,有关内部控制的构成要素并未取得一致结论,无论内部构成控制的五要素论还是八要素论都是一种狭义的控制,其性质多属于约束性活动。美国管理控制专家罗伯特·西蒙斯在《控制》中指出,如果没有监督和激励措施,组织中会有70%的人逃避责任。基于理性经济人假设,在缺乏相应监督及惩罚措施时,自利的个人会规避自身责任。但从社会心理学角度,则更加关注人的情感、激励、成就和个人的社会行为等。西蒙斯认为,有效的控制手段既要确保员工实现既定目标,又要求员工拥有创新的自由。据此,西蒙斯提出了信念、边界、诊断控制和交互式系统这四种杠杆控制,其中边界和诊断控制会重点关注战略领域,信念和交互式系统则会扩大和确定公司的机会空间。随着管理理论的不断完善,人们开始意识到人的积极性和主动性是推动内部控制的主导力量。因此内部控制不仅应包括各种刚性的约束性控制活动,比如授权审批、职责分离、资产接触控制、核对记录等强制约束手段,还应包括主动性和创造性的激励机制和企业文化。

契约理论认为企业本质上是一系列契约的组合,按照是否参与企业的集体选择可将利益相关者划分为内部利益相关者和外部利益相关者。从实现企业目标的角度来看,共同的信仰、道德标准和行为规范构成企业文化。内部利益相关者所确定的企业目标纵向贯穿于公司治理中,横向则贯穿于业务流程的控制结构中。正式的控制结构和非正式的企业文化共同保障企业目标的实现。另外,内部控制作为企业管理的重要内容,其文化属性较强。传统内部控制要素往往忽略"软因素"作用,更多地关注控制方法或控制程序。综上,内部控制的定义应由以下几个方面构成:

第一,内部控制的前提。由于企业目标由内部利益相关者集体决定,企业目标的实现需通过董事会和管理层逐级落实,董事会和管理层是企业内外部利益相关者沟通的纽带。目前,学术界将内部控制目标分解为战略、经营、资产安全、报告和合规性五个方面。根据主体需求的层次可以划分为三个方面。①战略目标与企业任务和预期相联系,涉及长远发展,构成内部控制最高层次的目标。②企业经营、报告目标和资产安全性目标强调资产保值增值、业绩提高及投资价值提升等,成为战略目标实现的保障。③合规性目标则强调企业遵循社会基本规范并在授权范围内开展经营活动。战略目标与董事会层面相关,经营和资产安全目标与管理层相关，财务报告和合规性目标则与两个层面都相关。

第二，内部控制构成要素的含义。内部控制制度一方面具有经济属性，另一方面作为一种文化控制方式，所包含的价值观和行为规范往往通过意识影响人的行为，并最终影响内部控制制度的实施效果。由此可知，文化和控制结构共同构成企业的内部控制制度。文化使内部控制系统注重"人"的作用，通过管理层、员工、投资者、供应商及客户与政府间的关系实现内部控制制度的效果。然而，仅通过企业文化来实现企业目标是不够的，主体间的信仰、胜任能力等存在差异，可能使主体间的信任与合作出现障碍，因此应将激励和约束机制嵌入企业的控制结构中。从控制结构构成内容来看，其不仅包括治理结构、预算控制、内部审计等约束性控制措施，还包括人力资源政策及关系管理等激励性控制措施。因此，控制结构和企业文化分别构成内部控制制度的"硬件"和"软件"。这样，在文化和制度的相互作用下，组织得以有序运行。

第三，内部控制的基本职能和实现途径。孔茨和韦里克1993年提出的五项管理职能包括计划、组织、人事、领导和控制，此五项职能是相互联系并共同作用于管理对象之上的有机整体。管理对象包括人、财、物、产、供、销等方面，组织针对这些管理对象制定制度时，应全面考虑各项管理职能要求，形成每项制度都体现的一系列控制活动。因此管理和控制应融为一体，在各项制度中，应明确企业管理理念和行为规范，从而建立起相应的组织结构和人力资源政策，即为COSO框架中的"控制环境"。同时，应将计划过程分解为目标设定、事项识别、风险评估和风险应对。信息与沟通涵盖整个管理控制过程，因此不能将其与信息系统、会计和报告系统及反舞弊程序等要素简单联系。控制活动和监控是内部控制的外在表现形式，监控是对控制活动的再控制，两者之间存在重叠关系。按照国际内部审计师协会（IIA）的观点，实施内部控制的职能部门包括业务部门、组织职能部门、风险管理部门及审计委员会下设的内部审计部门等。其中，相关职能部门或业务部门通过嵌入业务流程的控制活动和日常监督来防范风险；风险管理委员会领导下的风险管理部门主要开展日常监督和专项监督；审计委员会领导下的内部审计部门主要开展专项监督。内部控制基本职能的实现包括两大途径：一是明确职能框架、业务与活动及标准的边界。职能框架和业务与活动界定了内部控制所应约束的事项，标准则是将约束事项的指标进行分解。二是确定内部控制的容忍度，比如确定标准在实际执行中偏差的最高水平和最大弹性区间。对组织而言，各层次、领域和环节的所有岗位需有明确的职责权限范围和行为规范以有效减少岗位功能错位而产生的推诿现象。另外，内部控制也需从原来的事中和事后控制变成事前和未来控制，针对更多不确定性做出相机控制。

二、内部控制质量的影响因素分析

国外学者对内部控制质量的衡量采用公司是否披露了内部控制缺陷作为替代变量。Ralph 等[40]研究得出，没有充分证据表明有会计学背景或财务稽核经验的电脑稽核员依赖非自动化管理模式。Krishnan[41]认为，管理层工作经验、舞弊倾向、审计师任期和财务压力是影响内部控制质量的重要因素，其中审计委员会的独立性与内部控制缺陷负相关。Ge 等[42]研究发现，内部控制缺陷常常与业务复杂程度，如会计控制资源投入不足、收入确认政策不完善、缺乏职务分离、期末报告程序和会计政策存在缺陷等有关。Ashbaugh-Skaife 等[43]研究得出，内部控制缺陷多的公司业务更复杂、审计师更换更频繁以及内部控制资源上投入更少。Doyle 等[44]研究发现，公司成立时间短、规模小、财务状况较差、发展速度较快以及经历重组的公司，内部控制缺陷较严重；而企业业务复杂、经营多样化和业务转型公司的内部控制缺陷只与某些会计处理方法相关。Leone[45]研究发现，组织复杂程度和组织变更相关的控制风险因素、内部控制系统相关投入与内部控制披露相关。Hoitash 等[46]研究发现，审计委员会中拥有会计和监管经验的成员越多，企业内部控制重大缺陷的披露越少。Goh[47]研究得出，完善的公司治理可弥补企业内部控制缺陷。Naiker 等[48]研究发现，与外部审计师有关联的前审计合伙人在审计委员会任职与内部控制缺陷显著负相关。Li 与 Sun 等[49]则发现，高素质的首席财务官（CFO）可以提高企业内部控制质量。Bedard 等[50]研究发现，在企业已经发生错报时，审计师评价内部控制缺陷程度会加深。Gong 等[51]则发现，境外上市的母公司所在地投资者保护越薄弱及控股股东与管理者身份越重合，内部控制质量越差。Jong-Hag 等[52]发现，实施内部控制的公司中雇员数量占总雇员比与披露的内部控制缺陷数量显著负相关。内部控制存在显著缺陷的公司具有较低的盈利能力、盈利质量、股票收益以及较高的审计收费。Cheng 等[53]研究发现，在相关的内部控制披露之前，由于财务上的限制，这些公司存在投资不足或过度投资行为。Bonnie 等[54]研究发现，培训、高级管理层和 IT（信息技术）控制环境与实体层次缺陷的相关性较显著；就具体账户层次缺陷而言，负债、固定资产、收入确认、错报及税收与未来报告的显著缺陷正相关。Hollis 等[54]研究发现，相对于存在有效内部控制的公司而言，披露内部控制显著缺陷的公司中，内部人交易盈利能力显著较高，这种正向关系在披露显著缺陷前几年更明显。

国内学者王立勇[55]运用数理统计方法构建内部控制系统评价数学分析模型，从而为内部控制系统改进提供了支持。林钟高等[56]以内部控制五大构成要素构建内部控制指数。韩传模和汪士果[57]使用类似方法对内部控制质量进行评价。程晓陵等[58]研究表明，管理层诚信和道德价值观与内部控制质量显著正相关，管理层风险态度则与内控质量呈"U"形关系，董事长兼任总经理会显著加大企业违反法律法规的可能性。张颖等[59]使用问卷调查方法发现，股权集中度与内控质量呈倒"U"形关系。李育红[60]则发现，董事会规模及董事薪酬与内部控制质量正相关，CEO与董事长是否兼任与内部控制质量负相关。张先治等[61]研究发现，内部控制质量与公司国有控股程度和股权集中度负相关。李颖琦等[62]研究发现，引入非国有制衡股权能优化企业内部控制，而国有制衡股权优化企业内部控制的作用不明显。刘启亮等[63]通过比较央企和地方国有企业发现地方国有企业内部控制质量较低。赵息[64]研究发现，组织和能力权力与内部控制质量负相关，所有权权力与内部控制质量正相关。吴秋生等[65]则发现，领导者奖赏权、合法权和专家权与内部控制质量显著正相关。从上述文献梳理可知，已有研究基于公司特征的四个层面展开分析：第一，企业组织结构变动情况及业务的复杂程度；第二，内部控制监督力量和公司治理水平；第三，内部控制建设资源投入；第四，会计报表编制的复杂性。

三、内部控制质量的度量

已有的研究将内部控制评价方法分为三种，分别为以披露的内部控制评价信息为指标、以调查问卷方式来评价以及通过构造指数来评价内部控制质量。现有国外学者对内部控制质量的评价将公司是否披露了内部控制缺陷作为替代变量。国内学者对内部控制质量的度量中，张敏等[66]和单华军[67]采用内部控制自评报告中披露的问题作为衡量内部控制质量高低的标准。其中，当公司披露了一个以上内部控制缺陷时，不论该缺陷属于重大、重要还是一般，都应被归类为较低质量的内部控制。

厦门大学内控课题组依据COSO发布的《内部控制——整合框架》和2008年发布的《企业内部控制基本规范》及随后发布的《企业内部控制配套指引》，借鉴 COSO 内部控制五要素框架，将内部控制要素分为内部环境、风险评估、控制活动、信息与沟通和内部监控，并综合参考《中华人民共和国公司法》《中华人民共和国证券法》《上市公司治理准则》《上市公司章程指引》《上海证券交易所上市公司内部控制制度指引》《深圳证券交易所上市公司内部控制指引》等相关文件，最终确立 5 个一级指标、24 个二级指标、43 个三级指标、144 个四级指标。二级指标分别细化为 14 个三级指标和 52 个四级指标。2011 年深圳迪博企业风险管理技术有限公司发布了中国上市公司内部控制指数，该指数借鉴国内外研究成果并结合我国上市公司内部控制建设的状况及五大目标，将内部控制缺陷作为修正变量，最终形成"迪博·中国上市公司内部控制指数"。该指数采用千分制，分值分布范围从 0~1000，较高分值代表内部控制质量较高。

四、小结

综合国内外相关研究文献，对内部控制制度的研究立足于对内部控制质量度量、影响因素及经济后果的探讨。其中，经济后果立足于控制目标实现程度，如经营的效率和效果、财务报告质量及合规目标的实现等。2011 年内部控制规范体系在上市公司被强制实施后，披露内部控制鉴证报告和自评报告已成为常态。因此，结合披露内容和目标实现程度来度量内部控制成为一种较好的度量方法。从内部控制研究方法来看，国内外学者运用的研究方法包括单一理论体系构建、针对审计实务的实验研究以及大样本的实证研究。这些方法在研究过程中存在部分缺陷，如自选择偏差、内生性及时间窗口内噪音等问题。因此，后续研究中可采用多种研究方法考察相同问题的不同市场反应及经济后果。

第三节　管理层防御理论综述

一、管理层防御的基本内涵

委托代理理论提出采用激励方案（如薪酬契约）、董事会治理、外部接管市场等方式减少所有者与经理人之间的代理冲突。然而，由于信息不对称、人力资本专用性、管理层职位相关的控制权损失的不可补偿性以及离职后较高的转换工作成本等，管理层具有较强的固守职位动机来抵制解聘，从而产生防御行为。爱森伯格认为公司管理层与所有者之间存在显著利益冲突，当发挥监督和控制作用的企业内外部治理机制失效与道德风险并存时，经理会选择与所有者利益相悖的决策行为。Morck 等[3]通过对内部人控制所有权与企业业绩之间关系的研究，最早在学术界提出了管理层防御假说。我国学者对"Managerial Entrenchment"有不同的翻译方法，有的将其译为"管理防御"，也有的将其译为"壕沟防御""管理者壁垒""固守职位"。从广义上来讲，管理层防御是指管理层在企业内部控制机制和外部监督机制下所选择的实现自身职位稳定并降低其被更替可能性的行为或策略，具体指经理为增加潜在进入者接管成本而直接或间接操纵的机制安排和方法。管理层防御按照表现方式，可分为应对外部并购和接管威胁的外部防御（包括应对外部并购和接管威胁的条款或措施）与针对股东解雇约束的内部防御（包括降低股东及董事会解雇可能性的行为）。管理层可以利用职权增加在职消费、为掌握更多资源或获得更高报酬而进行过度投资等。与西方发达国家相比，我国企业经理人缺乏离职的契约性保护，企业内部或外部替代风险的存在使经理保护自身职位的防御行为更明显，由此产生的代理问题更值得关注。

二、管理层防御影响因素分析

已有文献主要从公司内部和外部机制两个层面对管理层防御影响因素进行研究。其中，内部机制涉及董事会监督、管理层持股和薪酬方案；外部机制涉及控制权竞争市场、产品市场竞争等，具体管理层防御影响因素指标见表 2.1。

表 2.1　管理层防御影响因素指标

作者	指标构成要素
Gompers 等（2003）	董事或管理层保护、投票权限制、缓解敌意收购①、其他接管措施等
Cremers 等（2005）	第一大机构投资者持股、18 个最大公共养老基金持股比、GIM 指数、投票权代理限制及股东大会召集权等

---

① 敌意收购（hostile takeover）是指收购方公司不考虑目标公司意愿而采用的非协商性购买手段，强制收购对方公司。

表2.1(续)

作者	指标构成要素
Bruno 等（2006）	承诺指数、防御指数、董事会独立性、透明度和薪酬指数
Lacker 等（2007）	董事会特征、机构持股比例、高管薪酬、股权结构及反接管措施等治理变量
Bebchuk 等（2009）	毒丸计划①、金色降落伞、交错选举董事条款、兼并和修订章程遵循的多数原则等
Aggarwal 等（2010）	审计、董事会、反接管措施及股权结构等治理变量

资料来源：根据相关文献整理。

（一）公司内部控制机制对管理层防御的影响

1. 管理层持股比例

管理层持股在一定程度上可以解决信息不对称导致的股东与管理层之间的利益冲突，如 Morck 等[3]研究发现，管理层持股在一定范围内时可以降低代理成本从而提高企业价值；然而当其持股比例超过该范围上限时，管理层会公开以较高持股比例作为管理层防御的有效手段。随着管理层持股激励强度的增加，其约束成本也进一步提高，管理层持股比例的增加提高了其在公司中的投票权与表决权，从而提高了其在公司决策中的决策效力。Hermalin 等[28]研究发现，防御型经理对董事会有更大的影响，且 CEO 一旦拥有公司 5% 以上的股份时，其权力就会变得更大一些。这说明经理持有公司股份是解决代理问题的手段，但若不对持股比例范围进行有效控制反而会增加管理层防御行为。

2. 经理自主权

经理自主权是企业组织的一种内生现象，是所有者授予经理的一种权力。经理自主权反映经理实际操纵和影响公司经营决策活动的程度，其对管理层防御产生影响是因为自主权使经理在公司中处于有利地位并使公司对经理产生依赖，从而大幅度提高股东解雇经理的成本。经理职位本身具有的职位权威，使得即使是管理能力有限的经理也可利用其职位优势影响企业中他人的业务活动。同时，相对董事会而言，经理掌握着公司经营信息的核心，经理自主权的扩大会降低董事

---

① 毒丸计划于 1982 年由马丁·利普顿提出，全名为"股权摊薄反收购措施"，它最常见的表现形式为一旦未经认可的一方收购了目标公司股份（10%～20%）时，该计划就会启动，从而使新股充斥市场，该行为于 1985 年在美国特拉华法院被判决合法。

会监督与约束的有效性。当企业经理以自己所掌握的技能为资本，而不必最大限度地增加公司利益时，管理层进行的投资行为会形成"管理堑壕"，会提高经理对于公司的重要性程度，并降低经理被公司替换的可能性。Bebchuk 等[68]研究发现，管理层权力越大，经理侵占公司利益的行为越容易发生，其表现为过度在职消费、构建商业帝国以及运用职务权力操纵个人薪酬等。袁春生等[69]研究得出，经理自主权的不断扩大会削弱董事会对经理的监督与约束力度。

3. 总经理与董事长两职兼任

总经理兼任董事长增加了高管的决策自由度，降低了董事会的监督强度，从而增强了经理攫取私利的动机。Goyal 等[70]研究得出，如果总经理兼任董事长，在总经理工作业绩不佳时就不能实现有效和及时的更替，导致总经理变更对业绩敏感性降低。

4. 连锁董事

管理层可通过拥有的关系网络与网络中的企业进行交易，例如，当管理层预期被敌意收购时，相互联结的连锁董事可能消除被收购的威胁，由此巩固其在公司中的地位。

（二）公司外部市场机制对管理层防御的影响

1. 经理人市场

有效的职业经理人市场可以约束管理层防御行为，市场竞争的存在使工作绩效较差的经理容易被其他经理人取代。

2. 控制权接管市场

该市场可以通过敌意收购达到更换目标公司管理层的目的，因此这是一种实现公司管理层撤换的机制。由于目标公司管理层意识到敌意接管会增加自身离职或被替换的可能性，因此其管理防御动机更强。Emita 等[71]研究得出，管理层为避免公司被接管、稳固自身职位以及取得对公司的控制权，会通过会计政策的选择来保持股价稳定。

3. 产品市场竞争①

产品市场竞争对公司治理的影响具有不确定性，由此对管理层防御的影响也

---

① 产品市场竞争（product market competition）是一种通过产品市场约束来解决股东与管理层间委托代理问题的机制，它是外部治理机制的重要组成部分，若产品市场竞争激烈，公司管理层可能会受到更大约束。

表现为两种效应。一种效应是对于高代理成本的公司而言，产品市场竞争在一定程度上会增大其亏损甚至清算的可能性，由此对经理产生的压力会迫使其为改善公司经营而保护自己的工作，从这个角度来看，产品市场竞争可以抑制管理层防御动机。另一种效应是产品市场竞争程度的提高会降低利润率并削弱公司业绩，公司会选择给予经理较少的回报从而导致管理层防御行为产生。当市场竞争在一定范围内时，替代关系的竞争效应与公司治理会促使管理层更积极地工作来不断改善公司业绩。而当竞争进一步激烈时，竞争效应会对公司治理产生反向作用。

4. 机构投资者①

机构投资者对管理层起到较好的监督效果，比如抑制管理层操纵利润的动机、限制较高的管理层薪酬、减少管理层过度在职消费等。Chung 等[72]认为，机构投资者持有公司股份越多，越能更好地抑制管理层操纵利润等行为。

（三）行业特征对管理层防御的影响

企业运营要素中的杠杆比率、资产构成情况和竞争程度等都具有相应的行业特征，管理层防御行为同样会受到这些不同行业特征的影响。由于传统制造业固定资产比重较高，管理层很难对固定资产进行不当挪用，而零售业、金融业及公共服务业管理层却对私有收益拥有较高的控制权。林朝南等[73]研究发现，中国上市公司控制权私有收益同样具有行业特征。除了不同行业资产构成情况差异对管理层防御程度的影响外，各行业的竞争程度也会对其产生影响。Guadalupe 等[74]认为，行业竞争程度较低及公司闲置资源较多为管理层滥用公司资源提供了机会；当行业竞争程度加剧时，管理层将很难通过控制权从公司中享有更多的私有收益。

（四）经理自身特征对管理层防御的影响

1. 年龄

年龄在一定程度上会影响经理对预期转换工作成本风险的态度。年龄较大的经理通常会倾向于较低的转换工作成本风险，即风险规避会使他们更容易为管理防御行为制定保守的决策来确保个人管理职位的稳定性和安全性。而年龄较小的

---

① 机构投资者由专业化主体构成，它代表自然人投资者行使资本经营权或所有权。狭义的机构投资者包括各种证券中介机构、证券投资基金、养老基金、社保基金及保险公司等。广义的机构投资者还包括各种私人捐款的基金会、社会慈善机构甚至宗教组织等。

经理常常会做出风险决策，以达到提高职业声誉和增强职业经理人市场竞争力的目的，其具有较低的预期转换工作成本风险，工作流动性也较大，因此管理防御行为较少。

2. 学历

经理的学历会传递其自身经验和能力的信号，因此被很多企业重视。出于"人才储备"战略以及核心竞争力的构建，公司所有者会重视具有更高学历的经理。学历较低的经理由于被重视程度较低，更容易采取管理防御措施来保障其现有职位及职位带来的公司控制权、在职消费权限以及降低更换工作的成本。

3. 职业经历

职业经历体现经理所拥有的工作经验和工作能力。Nejla[75]研究发现，经理可以凭借丰富职业经历轻易实现不同工作的更换，因此其在目前就职的企业中较少采取管理层防御行为。而工作经验较少的经理更换工作风险大并且预期成本也相对较高，为固守现有职位更可能进行管理层防御。

4. 任期

管理层任期一定程度上可以体现经理控制公司的程度和公司董事会监督的强度。任期较长的经理长期处于公司的核心领导地位，从而对公司拥有更高的控制权。特别是对于从基层职员做起再通过内部晋升进入管理层的经理，其职业发展的过程会增强其通过防御来固守现有职位的动机。

三、管理层防御的表现形式及经济后果

管理层防御按照表现形式可分为应对外部并购与接管威胁的外部防御和针对股东解雇约束的内部防御。其中，外部防御行为最基本的表现形式是控制权市场①的接管和反接管；内部防御行为则体现为防御型经理为提高股东解雇自己的成本而不断通过各项管理措施来强化自己对公司的控制权，以此实现管理职位固守的目的。

（一）外部防御与市场接管

外部接管市场的存在使目标企业管理层职位更易被撤换。为防止接管行为发

---

① 控制权市场（market for corporate control）又称为外部接管市场，指通过收集股权或投票代理权取得对公司的控制，达到接管或更换不良管理层的目的。

生，管理层会采取反接管措施进行防御。这些防御措施通过增加接管企业的接管成本来实现管理层对职位的固守和补偿。Morck 等[3]认为，接管虽然会带来大量交易成本，但仍经常被作为替换高管的重要机制。

（二）内部防御与投资行为

非理性投资行为表现为非效率投资，它是管理层为实现防御目的而制定的不当投资决策。非效率投资包括过度投资、投资短视、恶性增资和盲目多元化投资，这些投资行为与股东利益最大化的公司目标相悖离。过度投资指投资于净现值为负的项目或用净现值为负的项目替代风险较低的项目的行为。企业代理成本越高，表明管理层将公司自有现金流投资于净现值为负的项目而获取的个人利益越多。张海龙和李秉祥研究发现，过度投资与管理层防御显著正相关，防御型管理层更容易将融资活动产生的现金流运用于净现值为负的项目中。投资短视指管理层过分追求其任期内的业绩，为达到提高自己职业声誉和回报的目的而进行的短期投资行为。Raghuram 等[76]研究发现，管理层倾向于采用多元化投资等方式，强化股东对其的依赖从而确保自身职位的稳定、更高的薪酬以及更高的在职消费额度。Denis 等[39]研究发现，多元化投资行为能巩固经理职位并有利于提高股东对其显性薪酬的支付额。Rene 等[77]发现，多元化投资使管理层成为掌握多行业管理能力和经验的职业经理人，他们更换工作的周期短、成本低，更易找到其他合适的职位。从上可知，管理层防御在非效率投资上主要表现为通过公司内部决策制定来强化其防御壁垒和控制权以提升与股东博弈的水平，进而实现职位固守和财富增加的目的。

（三）内部防御与融资决策

Novaes[78]研究得出，在信息不对称和契约不完备的环境中，自利经理不会选择对公司资本结构进行任何限制。当负债是较为有利的融资方式时，为了减轻支付利息压力和降低转换工作成本，防御型经理更偏好股权融资。在融资方式的选择上，Novaes 等[78]研究发现，负债是提高企业经营效率的工具，而经理为实现个人效用最大化会将负债作为防御策略。黄国良等[80]指出，管理层防御是中国上市公司偏好股权融资的重要原因。在防御动机下，管理层一般选择按非公开发行、配股和可转债的顺序进行融资。从防御与融资决策的相互影响来看，管理防御型经理同样会背离企业或股东价值最大化的目标。

（四）内部防御与股利政策

管理防御假说将公司股利政策与公司治理问题相结合，这一部分的分析将股利政策分为高现金股利政策和低现金股利政策。股利政策有利于减少经理的过度投资行为[1]。在管理防御假说下，当自由现金流量较多时，股东与职业经理人间的利益冲突会对公司现金运用产生影响，两者在股利政策制定和实施上产生分歧。股东偏好于发放现金股利，从而减少自由现金流来避免经理的非效率投资行为。Nicos 等[78]研究表明，当经理与股东目标一致时才能有效评价投资项目，即不具有防御动机的经理才能将公司自由现金流投资到投资回报率高的项目，因此并没有剩余资金支付稳定的现金股利。防御型经理根据股东股利偏好的变化主动调整现金股利支付率，从而得到股东支持进而稳定其管理与控制职位。黄娟娟等[79]研究得出，公司股权集中度越高，防御型经理越会主动与控股股东相互联结，公司越容易出现较高的股利支付额度和股利支付频率。而股利支付率较低，可能是因为经理为实现对企业规模的控制而变相调整股利发放政策，滥用公司多余的自由现金流。

（五）内部防御与 CEO 薪酬

根据最优契约观点，薪酬契约作为代理问题的解决方式之一，代表有效市场的均衡结果。在这种理论下，公司治理要素被融入最优薪酬契约中，经理签订与企业绩效挂钩的权变薪酬[2]。对股东而言，他们更倾向于通过高权重的权变薪酬来刺激经理的高绩效行为；而对防御型管理层而言，他们更倾向于较低比例的权变薪酬来追求职位稳定。当薪酬契约反映管理层偏好而非最优激励水平时，公司更容易采用较高的现金和总薪酬水平。研究发现，公司 IPO（首次公开募股）防御治理决策对薪酬契约具有长期效应，IPO 过程中的防御行为与 IPO 后的 CEO 工资、总薪酬和业绩薪酬敏感性显著正相关，同时发现防御行为和 CEO 工资占总薪酬比例负相关，且这种关系主要通过在接管过程中设置相应条款来实现内部人防御目的。

四、管理层防御的诱发机理分析

管理层防御问题研究隐含管理层风险厌恶假说，管理层在公司经营过程中所做的决策都是在内外压力下做出的。其中，外部压力来源于控制权市场的接管威胁、职业经理人市场以及产品市场，而内部压力来源于董事会监督以及薪酬契约等各方面。

（一）获取或维护控制权收益①的动机

在分散的股权结构下，股东几乎不具备独自掌握公司控制权的能力，董事会授予管理层对公司的经营决策权从而获取对公司的控制权。控制权的排他性使经理层拥有资产专有的使用权，其中最主要的是利用公司现有资产进行投资。控制权产生的控制收益可以激励自利经理采取有利于个人利益最大化的行为。Bebchuk等[85]指出，控制权私有收益的存在导致经理在经营活动中制定非最优决策，例如，他们可能偏好低效率但却能攫取更多控制权私有收益的项目。控制权私有收益的表现形式包括显性的控制权私有收益，这部分收益是管理层所处的管理职位以及其掌握的控制权所固有的薪酬，还包括其他有形或无形的收益，如董事会默许的在职消费、通过职位获得的社会声誉以及通过关系网络中的资源转移获取的私人利益等。相对于西方发达国家而言，我国企业中管理层显性报酬较低，且该部分显性薪酬与个人业绩之间的相关性较弱。经理的职位体现为其在公司中的地位以及社会地位，这些地位也成为经理层各种利益的来源，因此经理们都偏向于保障现有职位及其带来的在职消费和控制权力。经理们对降职或离职的考虑使其有强烈动机进行管理防御，以防止失去对企业的控制权或丧失享有的控制权收益。控制权收益的丧失意味着高薪及与职位相关特权的丧失，可以看出对管理层来说丧失控制权私有收益具有不可补偿性。由于控制权收益损失的不可补偿性特点，经理对企业兼并或重组抵制的原因在于当企业作为目标对象进行兼并或重组时，作为被兼并企业的经理的控制权经常被更替，西方国家的公司经理会在事前采取措施为控制权的丧失获取保障机制，例如与股东签订"金色降落伞计划"②等合约。我国目前缺乏类似防范机制，企业一旦被兼并或重组，则被兼并企业经理因丧失控制权而产生的损失将无法挽回。

---

① 控制权收益是指控制权带来的经济价值，该收益主要赋予控股股东和拥有实际控制权的高管，又被称为控制权私有收益。Shleifer 和 Vishny（1998）将其分为货币性收益和非货币性收益两部分，前者通过剥夺方式转移资产，如关联交易或内幕交易等。

② "金色降落伞"指根据聘任合同中控制权变动条款对高管进行补偿的规定。"金色"指补偿丰厚，"降落伞"指高管可规避控制权变动带来的冲击实现平稳过渡。它属于反收购计划中"毒丸计划"的表现形式之一。

（二）专用性人力资本价值减损是管理层防御的内在动机

专用性越强的资产，转移成本越大，转移过程中资产价值的减损越大。资产专用性指资产用于特定用途之后，很难再移作他用的性质。人力资本具有专用性，经理人力资本主要来自"干中学"①。经理对公司的价值依附于股东与经理之间的雇佣契约，经理被雇佣后通过对企业的长期经营和管理使其具备针对该企业类型的专有技能，一旦被解雇或离职，专用性人力资本不再属于该特定契约，其本身具有的专有价值会相应减弱甚至消失。因此人力资本专用性成为管理层退出企业的屏障。由此可以看出，为了尽量减少甚至避免专用性人力资本价值的降低，防御型管理层会采取一系列防御措施来减小离职带来的不确定性影响。

经理自主权会对企业产生深远影响，这种影响直接体现在总经理战略决策给企业带来的大量固定的战略专用资产上。由于大型企业通常需要总经理制定决策，特别是一些具有全局和长远影响的战略性决策，以确定企业的范围和其价值创造的机会。这些决策很大程度上可确保公司目标达成，对企业绩效产生长期影响，同时也对经理职位稳定起到促进作用。管理层通过对权力运用所形成的人际网络会对其战略决策的实施效果产生影响。

（三）解雇风险和较高的工作转换成本是管理层防御的外在动机

从公司内部控制机制来看，股东解雇威胁将影响管理层职位的稳固性，经理一旦被解雇就会产生转换工作成本。Gilson[80]提出转换工作成本（relocation cost）的概念，并通过研究发现，经理人离职后转换工作成本较高，尤其当存在高管债务契约违约或公司破产时，经理层更易被撤职。并且由此产生的离职成本足以让管理层采取防御措施来固守职位。转换工作成本包括社会地位下降、社会声望损失，以及在新企业中还需要学习和熟悉新环境而付出的时间和精力。被解雇的经理会面临多项有形或无形的风险与损失，主要表现为更换工作后薪酬的降低以及在职业经理人市场中职业声誉的损失。

---

① "干中学"由阿罗（1962）提出，他在《干中学的经济含义》中提出"干中学效应"。该效应用于描绘动态规模经济的存在和发生过程以及技术变迁在国际分工中的作用。"干中学"是指一边干一边学，在工作过程中通过经验和知识积累达到更高效率。

（四）经理契约性离职保护条款的缺失加剧了管理层防御的动机

现代公司治理模式下，董事会和经理人的委托代理合同是公司章程的重要内容之一。在西方企业中，职业经理通常在进入企业之前，作为契约一方根据能力、职业经历及声誉的信息向董事会提出离职时的要求和保险机制，以此来增加更替经理决策的机会成本。当经理层面临离职威胁时，公司章程或单独签订的补偿条款和保险机制将保障经理人的利益。我国国有企业较为缺乏经理人市场选拔机制，经理不具备与股东讨价还价的能力，经理人行政任命色彩较浓，经理人选拔并非一种完全市场化竞争的过程。在这种经营者管理体制下，没有成熟有效的职业经理人竞争市场作为选拔评价依据，而是根据参选人拥有的政治资本、权力寻租能力和上级决策者偏好来做出评价，这样选出的经理人不可能像西方企业经理人那样向董事会提出"退出"时的补偿要求。因此，契约性防御措施缺失会增加经理人对未来的不确定性预期，从而使其转而寻求内部管理防御措施。

五、小结

首先，管理层防御拓宽了代理问题的研究范围。在委托代理理论下，股东通过实施激励和约束机制使经理与股东利益一致，从而使经理做出使股东利益最大化的经营行为。但管理层并不会单纯地被动接受来自股东的激励，加之具有不可补偿性的职位控制权损失和离职后存在较高的转换工作成本风险，促使经理采取与公司内外部机制相匹配的防御措施，从而产生对股东利益的负面影响。管理层防御的不良后果为，即使经理不寻求股东利益最大化目标，股东也无法对其进行更换。

其次，从目前国内外管理层防御研究来看，其研究内容和方法存在一定局限性。国外学者分别对管理防御与投资、融资和股利分配的关系展开研究，但在公司实务中，经理不是通过单一行动而是将多项会计政策相结合来进行管理层防御。因此，目前进行的单因素分析研究成果无论是对理论还是对实务其导向作用都大大降低。对比国外成熟资本市场中的公司经理，国内经理面临着不同的内外部约束机制和监督环境，国内绝大多数上市公司通过原有国有企业改制而来，国有股"一股独大"及总经理的行政任命方式，导致在整个研究过程中既要考虑所有者与经营者目标不一致时的管理防御问题，又要结合我国资本市场的特殊情况考虑股权集中下控股股东与中小股东目标不一致时，管理层偏向于实现控股股东权益产生的管理防御问题。监督可以提高效率，但监督也存在成本，因此从管理层权力和内部控制机制角度加强对管理层防御行为的治理具有重要的理论和现实意义。

第三章　产权制度、管理层权力
与内部控制质量[①]

第一节　引言

2008 年，五部委联合发布了《企业内部控制基本规范》，并于 2010 年颁布了配套指引（应用指引、评价指引及审计指引），这些规范要求企业应对内部控制有效性进行自我评价、披露年度自我评价报告，还应聘请会计师事务所对财务报告内部控制有效性发表审计意见，并于 2011 年 1 月 1 日起首先在境内外同时上市的公司实施。内部控制作为投资者利益保护的重要制度安排构成公司治理的重要基石，其设计和执行的有效性会对投资者利益乃至全球资本市场产生重要影响，也成为学术界和实务界研究的热点。《企业内部控制基本规范》明确规定，董事会和管理层分别构成内部控制建设的责任主体和执行主体，管理层（尤其掌握实际经营决策权的行政负责人）在内部控制建设中担任"中心角色"。根据"高层梯队理论"[②]，组织是高管个人特质的反映，在管理层权力较集中时更容易形成稳定的高层基调，有利于信息及时、快捷地传递并有效保障科层组织中高管监督低层执行者，从而有利于内部控制效率的提升，此时权力为内部控制的实施提供了保障，这被称为"权力保障说"。另外，我国转型经济中公司治理的外部约束机制不健全，高层管理者权力过于集中会诱发道德风险，从而使内部控制机制沦为代理问题的一部分，这被称为"权力超越说"。由于我国特殊的制度背景，管理层权力形成受产权制度的影响。在不同产权制度下，即使管理层权力配置结构相同，也会对内部控制质量产生不同影响，而现有文献缺乏对该问题的研究。基于

[①] 本章论文已刊登于《重庆大学学报（社会科学版）》2015 年第 5 期。

[②] 高层梯队理论（upper echelons theory）由 Hambrick 和 Mason（1984）提出，该理论指出高管特质，比如价值观、性格特质和认知模式等会影响企业高管的战略决策，进而影响其战略选择和企业绩效。

此，本章从不同产权制度视角研究我国上市公司管理层权力与内部控制质量的关系，主要围绕以下问题展开：第一，检验管理层权力对内部控制质量的影响是否显著？第二，在不同产权制度下，管理层权力的形成和来源有何差异？这种差异对不同层级的国有上市公司和不同类型的民营上市公司内部控制质量有何影响？

本章试图分析和厘清不同产权制度下管理层权力的差异以及管理层权力对内部控制质量的作用机理，其理论和经验证据为进一步完善我国上市公司的产权制度和公司治理机制具有较好的借鉴意义。

本章的研究贡献在于：

（1）基于企业家理论，从产权制度角度分析管理层权力差异对内部控制质量的影响，丰富了内部控制研究文献。

（2）针对以往文献只关注对管理层权力的约束和制衡，本章的实证证据表明考虑了产权制度差异对公司治理的影响，从而丰富了我国上市公司治理的内涵。

第二节　研究假设

一、管理层权力与内部控制质量间关系的研究假设

管理层权力是在公司内部治理出现缺陷和外部约束机制缺乏的情况下，管理层对公司决策权、监督权和执行权的影响能力。委托代理理论下，由于信息的不对称性及契约的不完备性，缺少有效监督和约束的高管权力可能引发"堑壕效应"[1]，从而制约或阻碍内部控制的有效运行，此时管理层权力配置对内部控制的作用体现为"权力超越说"。在管家理论[2]下，管理者受到"社会人"身份的约束，追求社会性需要个人利益完全依附于组织，此时管理层权力配置对内部控制的作用体现为"权力保障说"。例如，在管家理论下充分授权于管理层将使其更

---

[1]　公司存在大股东对小股东和公司价值具有两方面的影响：一方面，大股东有动力监督管理层，实现企业价值最大化，形成"利益协同效应"。另一方面，大股东由于拥有公司控制权，有条件以小股东和公司利益为代价来谋取控制权私利，形成"堑壕效应"（entrenchment effect）。如大股东的自利性并购行为，就是"堑壕效应"占主导地位的体现。

[2]　管家理论（stewardship theory）接受组织心理学和社会学相关理论，对委托代理理论和交易成本经济学中的机会主义假设提出质疑。该理论认为人不是简单的代理人，而是公司的好管家，他们有通过成功完成工作而得到内在满足的动机。

加努力地为公司工作，如高管权力较大的公司（如董事长兼任总经理）的董事会可能会更敬业，有利于管理层形成稳定高层基调，此时可以更有效率地调配公司资源，促进信息及时沟通和传达，有利于提高内部控制质量。基于上述理由，本章提出两个竞争性假设：

H1a：管理层权力越大，上市公司内部控制质量越低。

H1b：管理层权力越大，上市公司内部控制质量越高。

二、产权制度、管理层权力与内部控制质量间关系的研究假设

由于管理层权力的形成受到产权制度、法律环境及文化等因素的影响，管理层权力与内部控制质量的关系可能受制于产权制度。本章在控制法律环境、社会文化等因素后，研究产权制度对管理层权力与内部控制质量关系的影响。由此构建一个产权影响管理层权力并进一步影响内部控制质量的理论框架，见图3.1。

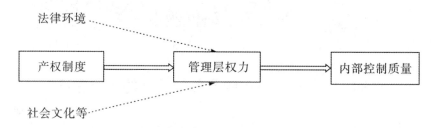

图 3.1　理论框架

公司治理的两个基本功能是选拔具有企业家素质的人领导企业及激励和监督企业领导人更好地创造价值。首先，在民营企业中，所有权掌握在企业家手中，所有权和控制权往往是合一的，此时企业家个人利益要求实现公司价值最大化，这与公司利益是一致的，即企业家在自我监督和自我约束的条件下按个人利益最大化原则改善公司业绩，此时公司治理机制更多应来自内在的、非物质的激励。其次，在民营企业中，管理层权力本身是"股东权"的延续，管理层更多地体现为"社会人"身份，管理层潜在的机会主义倾向较少。最后，由于企业管理层拥有信息优势并对企业战略和经营有较好的把握和应变能力，高管权力的集中一方面反映其具有较强的经营能力，在制定内部控制制度时更具有效率优势；另一方面，更有利于形成稳定高层的基调，营造良好的内部环境，从而有效保障内部控制制度自上而下推进，提升内部控制质量。

自20世纪80年代以来，国有企业改革分别经历了放权让利、政企分开、抓大放小及建立现代企业制度四个阶段，这个过程实质上是管理层权力不断形成和提升的过程。首先，国有企业高管的选拔和任命主要参照党政干部选拔和任命要求形成的"内部劳动力市场"，国有企业中更少地存在民营企业中对企业家的内部自我约束机制，此时"内部人"的最优博弈策略更可能体现为减少努力程度及人为控制管理层的企业家精神。其次，在我国经济转型的过程中，公司治理的外部约束机制不健全和资本市场效率缺乏使改制后的国有企业更多面临管理层私利行为产生的风险。管理层作为"内部人"，获取控制权后随着权力的积累和增强，在自利动机驱使下可能会通过各种渠道弱化董事会的监督功能，并导致权力寻租空间进一步增大。最后，对于高度集中的国有股权，管理层作为要素生产者参与分配，拥有较大剩余控制权[①]，无对应剩余索取权[②]。在这种认知框架下，国有企业管理层并不会较多关注经营目标而会采取较多的机会主义行为。因此，在不同产权制度下，管理层权力对内部控制质量将产生不同影响。基于上述理由，本章提出假设：

H2：产权制度会影响管理层权力对内部控制质量的作用。

由于不同层级国有企业和不同类型民营企业，其管理层权力的形成来源及所受约束存在差异，本章进一步分析不同层级国有企业和不同类型民营企业中管理层权力对内部控制质量影响的强度和方向。在我国国有企业的不同控制层级中，央企和地方国企所受约束、政府干预程度及经营目标市场化程度不同导致管理层权力存在显著差异。我国中央政府控制的国有企业，行业分布于国防军工、通信、冶金、电子、交通运输及石油化工等关系国计民生的重要领域，具有自然垄断性，不受破产威胁。这一特性决定央企更大程度上承载了部分政府职能，是政府职能的延伸，成为政府干预经济的重要手段。这种情况下，央企成为国家重点扶持对象，即使经营业绩较差也能从政府中获得补贴。同时，央企高管任免的行政色彩更浓厚，其效用函数中（经营性目标、政治目标及上级偏好）政治目标占

① 剩余控制权是将收入扣减所有固定合同支付（包括原材料成本、固定工资和利息等）后余额的要求权，它是对纯利润的控制权，比如使用及支配等权能。现代产权理论将剩余控制权看作产权的本质，认为它是契约中事先未规定的控制权权力。Grossman 和 Hart（1986）认为剩余控制权是契约中未特别指定的活动决策权。

② 剩余索取权是索取剩余的权利，等于总收益扣减合同中的报酬，它是对资本剩余的索取，是将所有现金流入扣除其他各项承诺支付后剩下的净现金流索取权，在收益分配优先序列上属于"最后的索取权"。

据更大权重，加之预算软约束的存在，可能使央企高管较少关注经营目标的实现。在我国内部控制框架中，经营目标的实现是内部控制质量的直接体现。因此，在这种情境下，央企高管权力来源的"政治性"及"代理特性"使其并无较强动力加强内部控制质量建设，甚至更易出现"高管堑壕"行为。基于上述理由，本章提出假设：

H2a：对于央企而言，管理层权力对内部控制质量并无显著影响。

对于地方国有企业而言，新一轮"政府分权改革"引入市场机制后，政府之间分权造成中央政府和地方政府之间所有权与控制权分离，实质上是剩余索取权和剩余控制权由中央政府重新分配给地方政府及由地方政府重新分配给管理层的演进过程。这一制度使不同层级和不同地方政府间的任意转移支付结束，加剧了地方政府之间的竞争。加之，地方政府间激烈的"政治锦标赛"① 促使地方政府主观上将更多剩余分享权让渡给企业管理层，从而使地方国有企业管理层权力更大。随着地方政府之间竞争加剧，要素流动性增加给企业预算软约束施加了机会成本限制，使得地方政府不得不放松管制，给予企业管理层更多自主权。从我国地方国有企业的市场性质和功能定位来看，考核企业管理层的主要指标偏向于经营活动的财务回报加上特定社会目标，而非完全社会目标优先。相比央企而言，地方性国有企业更有利于激发管理层的"企业家精神"②。因此，当管理层拥有较大的权力时，他们一方面主观意愿上更倾向于从企业持续、稳定、健康的角度经营企业，更有加强内部控制建设的动力；另一方面更容易形成内部"权威"，这种"权威"在开展内部控制建设时更具有效率优势。由此，本章提出假设：

H2b：地方国企中管理层权力越大，内部控制质量越高。

我国民营上市企业按照来源分为家族控股直接上市③和兼并重组两种类型。前者由创始人股东或家族在符合证券法律法规的情况下由证监会批准后公开发行。后者由原国企控制权转移后产生。对家族控股直接上市的民营企业而言，所有权较为集中，出现家族股东和家族经理两种角色，两种代理冲突相伴而生。在

---

① 政治锦标赛体制由周黎安等提出，该理论认为在我国集权型政治体制下，上级官员依据经济增长考核下级官员，因此下级官员具有强烈的发展经济以求获取政治上升迁的动机。

② "企业家精神"是企业家的特殊技能，是指企业家组织建立和经营管理企业的综合才能，它是企业中一项重要而特殊的无形生产要素。

③ 家族控股直接上市企业是指企业资本或股份主要集中于一个家族手中，由家族成员出任企业主要领导职务。美国学者克林·盖克尔西认为，判断企业是否为家族企业的标准是看家族是否拥有企业的所有权。

第一类代理冲突下，家族控股股东普遍参与公司经营管理，并不会采取"搭便车"① 行为[81]，可以有效对职业经理人进行监督；家族控股股东对公司经营状况十分了解，与管理层之间的信息不对称程度较低，有能力发现管理层的机会主义行为，遏制其道德风险，从而缓解传统的"内部人控制"问题。从第一类代理冲突来看，家族股东可以对管理层实施有效的监督，即使在管理层权力较大的情况下，其发生机会主义行为的动机也较小。在创始人家族企业中，关键管理人员由董事长任命，股东与关键管理人员之间存在血缘或亲属关系，控股股东与管理层往往是合一的。因此，对家族企业而言，在缺乏足够约束力和社会信任的制度环境中，企业家精神产生的激励作用仍会导致较好的公司治理。此时，若管理层拥有较大的权力，更容易形成家族权威，这对提高内部控制执行效率、降低管理和交易成本有利。基于上述理由，本章提出假设：

H2c：对于家族控股直接上市的民营企业而言，管理层权力越大，内部控制质量越高。

管理层作为公司实际"内部控制人"，往往缺乏实业经营的足够经验，他们可能利用拥有的内部信息和政治关系以及目前我国股市和法律存在的漏洞成为主要股东，并获得高于名义控制权的实际控制权来攫取控制权私利。企业在兼并重组后，其经营状况在短期内难以得到改善，也有部分企业买壳上市的目的是通过资本运作来侵害中小股东利益，因此缺乏改善公司经营业绩的动力。这类企业的控制权与现金流权的分离度更高，控股股东攫取私人收益的动机更强烈，例如，截至 2007 年年底，家族控股上市类民营企业中，60%的公司存在控制权与现金流权分离的现象，控制权与现金流权之差的平均值为 8.25%；兼并重组类公司中控制权与现金流权分离度高达 83%，控制权与现金流权之差的平均值为 10.61%，这类企业控股股东实施利益侵占的行为动机更强烈，第二类代理冲突更严重。加之控制权交由代理人，形成的内生约束机制在兼并重组类企业起不到应有的作用，激励机制对激发企业家精神并不存在显著影响。由于最终控制权人缺乏企业家本质属性，其产生的效应将增加管理层的机会主义行为，内部控制制度反而会沦为代理问题的一部分，因此随着管理层权力增加，内部控制质量反而会降低。基于上述理由，本章提出假设：

H2d：对兼并重组上市的民营企业而言，管理层权力越大，内部控制质量越低。

---

① "搭便车"由美国经济学家曼柯·奥尔逊在 1965 年首次提出，是指不付出成本而享有他人之利，它是一种发生在公共财产上的问题，指经济中个体消费资源超出公允份额或承担的生产成本少于应承担公允份额部分。

第三节 研究方法与研究模型

一、样本与数据来源

本章选择 2009—2012 年沪深 A 股上市公司为样本，并按以下程序筛选样本：

（1）剔除金融企业；

（2）剔除 ST（特别处理）、PT（特别转让）企业；

（3）剔除部分财务和公司治理数据缺失的样本；

（4）对主要连续变量，处于 0~1% 和 99%~100% 的样本采用 Winsorize（缩尾）处理，最后得到 3970 个样本观测值，其中 2009 年 578 个，2010 年 947 个，2011 年 1215 个，2012 年 1230 个。

本章所采用的数据来自 CSMAR 数据库，其中总经理任职时间及内部董事比例由手工计算获取。内部控制指数采用深圳迪博企业风险管理技术有限公司（以下简称"深圳迪博公司"）发布的内部控制指数 2009—2012 年的数据。

二、模型设定

为检验 H1a、H1b、H2a、H2b 及 H2c，将待检验的回归方程设定为：

$$\ln(\text{ICindex})_{i,t} = a_0 + a_1 \text{Power}_{i,t} + a_2 \sum_{i=1}^{n} \text{Control}_{i,t} + \varepsilon \tag{3.1}$$

$$\ln(\text{ICindex})_{i,t} = a_0 + a_1 \text{Power}_{i,t} + a_2 \text{Ownership}_{i,t} +$$

$$a_3 \text{Power}_{i,t} \times \text{Ownership}_{i,t} + a_4 \sum_{i=1}^{n} \text{Control}_{i,t} + \varepsilon \tag{3.2}$$

模型（3.1）中的被解释变量为 ln（ICindex），解释变量为 Power，考察管理层权力对内部控制质量的影响。模型（3.2）中的交乘项 Power × Ownership 用于衡量产权性质对管理层权力与内部控制质量间关系的调节效应。

三、变量构建及说明

（一）内部控制质量度量

模型（3.1）和模型（3.2）中，ln（ICindex）是被解释变量，反映上市公司内部控制水平和风险管控能力。本章借鉴相关文献做法，采用深圳迪博公司发布的内部控制指数数据。该指数采用千分制，分值为 0~1000，分值越高，表明内部控制质量越高。

（二）管理层权力指标构建

管理层权力泛指管理层对公司治理体系（包括决策权、监督权及执行权）的影响能力。本章在 Fan 等[82]及卢锐等[83]对管理层权力间接度量的基础上，考虑中国制度背景，从总经理个体和管理层整体层面将管理层权力分解为：①结构权力，采用总经理在董事会任职情况、董事会规模和董事会中内部董事比例衡量；②专家权力，采用总经理任职时间计量；③所有权权力，用总经理持股比例和股权分散度来度量。一般总经理所持股份越多，其拥有的权力越大。另外当公司股权较分散时，公司更容易被"内部人控制"，管理层权力可能越大。管理层权力指标测度定义及说明见表 3.1。

表 3.1　管理层权力指标测度定义及说明

权力维度	指标及解释
结构权力	总经理在董事会任职情况（X_1）：总经理兼任董事长或副董事长取值为 2，总经理与董事长或副董事长不兼任取值为 1 董事会规模（X_2）：董事会成员的人数 董事会中内部董事比例（X_3）：董事会规模扣除独立董事后的人数
专家权力	总经理任职时间（X_4）：总经理担任该职务的时间（以月为单位）
所有权权力	总经理持股比例（X_5） 股权分散度（X_6）：前十大股东持股比例的赫芬德尔指数①

---

① 赫芬德尔指数（Herfindahl index）用来反映股东持股比例的分布情况，该指数越接近 1，说明前 5 位或 10 位股东持股比例差距越大。

为避免测度指标之间的多重共线性对实证研究的影响，本章采用主成分分析法对构成管理层权力的测度指标进行处理。该方法由霍特林于 1993 年首先提出，其主要思想是通过对原始指标相关矩阵内部结构关系的研究，找出其中影响因素的综合指标，综合指标既反映原始指标信息，同时又能避免共线性问题。根据权力测度指标数据，进行主成分分析，获得以下分析结果，具体见表 3.2。

表 3.2　KMO 和 Bartlett

检验方法	指标	检验结果
KMO 方法	KMO 值	0.524
Bartlett 检验		12748.21
	Df	15
	Sig.	0.000

表 3.2 列示了主成分分析的检验结果。通过相关性检验后，以方差累积贡献率超过 85% 为标准，提取四个主成分，此时变量由六个减少为四个。四个主成分的特征值分别为 2.003、1.383、0.990 和 0.893。因子载荷阵见表 3.3。

表 3.3　因子载荷阵表

管理层权力测度指标	主成分			
	1	2	3	4
X_1	0.220	−0.563	0.127	0.715
X_2	0.966	0.191	−0.012	−0.059
X_3	0.965	0.197	−0.022	−0.059
X_4	−0.020	0.189	0.980	−0.038
X_5	−0.295	0.714	−0.069	0.035
X_6	−0.055	0.667	−0.087	0.610

从表 3.3 可以看出：

第一主成分中，董事会规模和董事会中内部董事比例因子载荷系数远远大于其他指标的负荷量，所以第一主成分表达式（F_1）主要由董事会规模和董事会中内部董事比例反映，代表组织结构权力对管理层权力综合指标的贡献。

第二主成分中，总经理持股比例和股权分散度的因子载荷系数远大于其他指标的负荷量，所以第二主成分表达式（F_2）主要由总经理持股比例及股权分散度反映，代表所有制权力对管理层权力综合指标的贡献。

第三主成分中，总经理任职时间的因子载荷系数远远大于其他指标的负荷量，所以第三主成分表达式（F_3）主要由总经理任职时间反映，代表个人能力权力对管理层权力综合指标的贡献。

第四主成分中，总经理在董事会任职情况因子载荷系数远大于其他指标负荷量，所以第四主成分表达式（F_4）主要由总经理在董事会任职情况反映，代表组织结构权力对管理层权力综合指标贡献。

根据表 3.3 得出主成分的函数表达式：

$$F_1 = 0.155 \times X_1 + 0.683 \times X_2 + 0.682 \times X_3 - 0.014 \times X_4 - 0.208 \times X_5 - 0.039 \times X_6$$

$$(3.3)$$

$$F_2 = -0.479 \times X_1 + 0.162 \times X_2 + 0.168 \times X_3 + 0.161 \times X_4 + 0.607 \times X_5 + 0.567 \times X_6$$

$$(3.4)$$

$$F_3 = 0.127 \times X_1 - 0.012 \times X_2 - 0.022 \times X_3 + 0.985 \times X_4 - 0.069 \times X_5 - 0.087 \times X_6$$

$$(3.5)$$

$$F_4 = 0.757 \times X_1 - 0.062 \times X_2 - 0.062 \times X_3 - 0.04 \times X_4 + 0.037 \times X_5 + 0.646 \times X_6$$

$$(3.6)$$

然后根据四个主成分函数及各个主成分的贡献率，构成管理层权力综合指标（Power）函数：

$$Power = 2.003/5.269 \times F_1 + 1.383/5.269 \times F_2 + 0.99/5.269 \times F_3 + 0.893/5.269 \times F_4$$

$$(3.7)$$

将估计样本组企业的六个变量（总经理在董事会任职情况 X_1、董事会规模 X_2、董事会中内部董事比例 X_3、总经理任职时间 X_4、总经理持股比例 X_5 及股权分散度 X_6）标准化数据代入式（3.3）至式（3.7）中，计算得到样本组企业的管理层权力综合指标。

（三）控制变量

Lev：代表资产负债率，衡量债权人治理作用。资产负债率越高，债权人对管理层权力约束越大，则内部控制质量越高。Size：代表公司规模，采用期末总资产取自然对数。Growth：代表营业收入增长率。LsdI：代表是否双重上市，当公司在 B 股和 H 股同时上市时为 1，否则为 0。C_share：代表第一大股东持股比例，反映大股东对公司的控制程度。Age：代表公司上市时间长短。Big4：代表哑变量，若外部审计师是国际四大会计师事务所，则为 1，否则为 0。Industry：代表行业哑变量，行业按老行业分类指引标准进行分类，剔除金融行业，共 5 个行业，设置 4 个行业哑变量。Year：按样本时间跨度，设置 3 个年度哑变量。

第四节　实证检验与结果分析

一、描述性统计

从表 3.4、表 3.5、表 3.6 的描述性统计结果可知：

（1）相比国有企业而言，民营企业内部控制质量［ln（ICindex）］均值更大，且数据离散程度较小；在民营企业中，家族控股上市的民营企业内部控制质量均值更大；在国有企业中，地方国有企业内部控制质量均值更大。

（2）从管理层权力综合指标（Power）来看，民营企业的管理层权力均值大于国有企业；地方性国有企业管理层权力均值大于中央国有企业；家族控股上市的民营企业的管理层权力均值大于兼并重组方式上市的民营企业。

（3）从第一大股东持股比例（C_share）来看，国有企业第一大股东持股比例均值显著高于民营企业，说明国有企业中"一股独大"现象更突出。国有企业"所有者缺位"，也进一步反映了国有企业中大股东与小股东之间代理冲突更严重；民营企业中，家族控股上市的民营企业第一大股东持股比例均值显著高于兼并重组上市的民营企业。

（4）从资产负债率（Lev）来看，国有企业的资产负债率均值大于民营企业，说明国有企业债权人对管理层权力约束较大及财务风险更大；民营企业中，兼并重组上市的民营企业资产负债率均值显著大于家族控股上市的民营企业，说明兼并重组上市的民营企业债权人对管理层权力约束较大，财务风险大于家族控股上市的民营企业。

表 3.4 连续型变量描述性统计 1

变量	国有企业					民营企业				
	样本数	均值	标准差	最大值	最小值	样本数	均值	标准差	最大值	最小值
ln(ICindex)	1167	3.19	0.44	4.08	1.1	3602	3.32	0.37	4.06	1.09
Power	1167	12.99	4.29	26.49	5.27	3602	15.7	4.62	27.1	5.24
C_share	1167	39.67	15.05	86.2	5.02	3602	34.5	14.65	89.4	2.19
Lev	1167	0.53	0.36	6.74	0.038	3602	0.33	0.22	1.09	0.01
Size	1167	21.99	1.32	28	16.94	3602	21.28	0.92	25.06	18.83
Growth	1167	0.21	1.06	25.4	-0.976	3602	0.23	0.95	40.88	-0.99
Age	1167	10	5.13	22	0	3602	5	5.54	22	0

表 3.5 连续型变量描述性统计 2

变量	国有企业									
	央企					地方国有企业				
	样本数	均值	标准差	最大值	最小值	样本数	均值	标准差	最大值	最小值
ln(ICindex)	618	3.15	0.456	4.06	1.1	803	3.19	0.44	4.08	1.61
Power	618	12.49	4.24	24.78	5.98	803	13.1	4.34	26.5	5.27
C_share	618	42.6	13.88	75.9	11.37	803	38.14	15.26	86.2	5.02
Lev	618	0.53	0.23	2.16	0.007	803	0.53	0.34	6.74	0.05
Size	618	22.52	1.59	27.75	11.37	803	21.9	1.26	28	16.94
Growth	618	0.66	7.3	176.2	-1	803	0.25	1.26	25.4	-0.98
Age	618	11.66	3.26	20	4	803	9.98	5.58	22	1

表3.6　连续型变量描述性统计3

变量	民营企业								
	家族控股上市民营企业				兼并重组上市民营企业				
	样本数	均值	标准差	最大值	最小值	样本数	均值	标准差	最大值	最小值
ln(ICindex)	2822	3.37	0.32	4.06	1.61	782	3.01	0.445	4.04	1.1
Power	2822	16.71	4.38	27.11	5.61	782	12.15	3.59	25.58	5.24
C_share	2822	35.54	14.15	86.49	2.19	782	31.28	15.87	89.4	5.14
Lev	2822	0.28	0.2	0.94	0.004	782	0.51	0.19	1.09	0.01
Size	2822	21.2	0.84	25.06	19.24	782	21.57	1.13	24.56	18.83
Growth	2822	0.23	0.83	40.89	−0.90	782	0.25	1.28	26.18	−0.99
Age	2822	2.82	3.45	22	1	782	13	3.36	21	2

二、实证结果及分析

首先，检验不同产权制度对管理层权力与内部控制质量是否具有调节效应。其次，进行分组回归分析不同产权制度下管理层权力对内部控制质量关系影响的差异。

（一）产权制度、管理层权力与内部控制质量

使用模型（3.2）考察产权制度对管理层权力与内部控制质量关系的调节作用，其中Power×Ownwership交乘项系数反映产权制度对管理层权力与内部控制质量的调节效应。表3.7的结果表明，在全样本中交乘项变量的回归系数显著为负，说明产权制度会影响管理层权力与内部控制质量间的关系，验证了H2。从控制变量情况来看，变量Size、Lev、Age和Big4都通过了显著性检验。其中，公司规模（Size）增加有利于内部控制质量提升；公司上市年限（Age）越短，反而内部控制质量越高；随着资产负债率（Lev）增加，内部控制质量将降低。Growth、LsdI及C_share对内部控制质量没有显著影响。

表 3.7　产权性质、管理层权力与内部控制：全样本回归

变量	全样本
Power	0.053 **
	(2.346)
Power×Ownership	-0.186 ***
	(-3.511)
Ownership	0.067
	(1.275)
LsdI	0.006
	(0.32)
C_share	0.017
	(0.928)
Size	0.466 ***
	(23.987)
Lev	-0.155 ***
	(-8.739)
Growth	0.019
	(1.146)
Age	-0.073 ***
	(-3.653)
Big4	0.065 ***
	(3.611)
Constant	0.75 ***
	(8.42)
Industry/Year	控制
调整 R^2	0.209
F	47.05

注：*** 、** 分别表示在 1%、5% 的水平上显著，括号中数字为双尾检验的 t 值。

（二）进一步分组回归

根据产权制度差异进行分类回归，从表 3.8 的回归结果来看，在中央政府控制的国有企业中，管理层权力对内部控制质量无显著影响，验证了 H2a。这说明央企管理层"准官员"性质、委托人本身的代理人特征及预算软约束的存在使央

企高管较少关注企业经营目标，缺乏努力经营企业的动力，因此管理层拥有的权力不能体现为一种激励机制，对内部控制质量无提升作用。此外，对于央企管理层会利用权力凌驾于内部控制机制之上，证据是不充分的，也不能验证"权力超越说"。

在地方政府控制的国有企业中，管理层权力与内部控制质量显著正相关，验证了 H2b。这说明地方分权及地方政府之间激烈的"政治锦标赛"，一方面促使地方政府将更多剩余控制权让渡给管理层；另一方面，随着地方政府之间竞争加剧，货币的中央集权和财政分权一定程度上硬化了预算约束，使得地方政府不得不放松管制，有利于激发管理层的"企业家精神"，从而更有利于地方国企管理层关注经营目标。因此，管理层权力的增加能更好地保障内部控制质量，体现了"权力保障说"。从控制变量来看，Size 系数显著为正，说明企业规模与内部控制质量显著正相关，表明内部控制具有规模效应。变量 Lev 的回归系数显著为负，表明随着资产负债率的提高，企业内部控制质量趋于降低。变量 Age 的回归系数显著为负，表明公司成立时间越久，内部控制质量越低，这与 Ashbaugh-Skaife 等[43]的结论是不一致的，这可能是由于近年来公司上市资格审查门槛提高，对内部控制健全和有效运行程度的要求也相应提高，而较早上市的公司内部控制建设的基础较弱，因此导致公司上市年限越短，内部控制质量反而更高。

家族控股上市的民营企业中，管理层权力与内部控制质量显著正相关，验证了 H2c。这说明对于家族控股直接上市的民营企业，由于创业者与管理者身份的合一，虽然管理层具有较大权力，但最终控制人具有"企业家的本质属性"，这种企业家精神将激励管理层把内部控制作为提高公司治理水平的工具，而非谋取私利的手段，这种权力对内部控制质量的提升具有保障作用。在家族控股上市民营企业中，管理层权力体现为一种激励机制，验证了"权力保障说"。从控制变量的情况来看，LsdI 系数显著为负，表明双重监管会对内部控制质量产生影响。Big4 变量系数显著为正，说明四大审计有利于内部控制质量提升。变量 Growth 系数显著为正，说明经济增长较好的公司内部控制质量较高。

在兼并重组上市的民营企业中，管理层权力对内部控制质量无显著影响，拒绝了 H2d。这说明即使这类企业控股股东的利益侵占动机更强烈，但最终因为控制人缺乏企业家属性，管理层也不会利用其权力凌驾于内部控制之上，不能验证"权力超越说"。

表 3.8 央企、地方国有企业、家族控股及兼并重组上市民企的分组回归

自变量	因变量：ln（ICindex）			
	国有企业		民营企业	
	央企	地方国企	家族控股上市民营企业	兼并重组上市民营企业
	栏目2	栏目3	栏目4	栏目5
Power	−0.058 （−1.62）	0.071** （2.058）	0.121*** （5.075）	0.012 （0.319）
LsdI	0.03 （0.868）	0.051 （1.428）	−0.068*** （−3.213）	0.031 （0.886）
Size	0.64*** （14.386）	0.43*** （11.214）	0.469*** （18.186）	0.461*** （12.622）
Lev	−0.315*** （−8.923）	−0.183*** （−5.22）	−0.223*** （−8.589）	−0.143*** （−3.959）
C_share	0.084** （2.178）	0.042 （1.168）	0.073*** （3.184）	−0.03 （−0.806）
Growth	0.02 （0.598）	0.032 （0.941）	0.038* （1.82）	0.025 （0.743）
Age	−0.062* （−1.698）	−0.092** （−2.367）	0.028 （1.106）	−0.036 （−0.93）
Big4	0.059 （1.605）	0.91** （2.309）	0.068*** （3.331）	0 （0.00）
Constant	0.55*** （5.87）	0.63*** （7.52）	0.87*** （9.52）	0.96*** （10.13）
Industry/Year	控制	控制	控制	控制
N	460	747	2107	789
调整 R^2	0.411	0.254	0.184	0.177
F	30.86	18.06	31.27	12.13

注：***、** 和 * 分别表示在 1%、5% 和 10% 的水平上显著，括号中数字为双尾检验 t 值。

三、稳健性检验

首先，为使结论更稳健，分别将管理层权力变量求和取均值纳入模型，表 3.9 列出了管理层权力变量取加权平均值时的检验结果。从表 3.9 的结果来看，家族控股上市民营企业和地方政府控股的国有企业，Power 的系数都显著为正，通过了 1% 的显著性检验，验证了 H2c 和 H2b。央企样本中，Power 的系数为负，未通过显著性检验，说明管理层权力对内部控制质量无显著影响，验证了 H2a。在兼并重组上市的民营企业样本中，Power 系数为负，未通过显著性检验，拒绝了 H2d。

表 3.9 央企、地方国有企业、家族控股及兼并重组上市民企的分组回归：
Power 取求和均值

自变量	因变量：ln（ICindex）			
	国有企业		民营企业	
	央企	地方国企	家族控股上市民营企业	兼并重组上市民营企业
	栏目 2	栏目 3	栏目 4	栏目 5
Power	−0.001 (−0.002)	0.097*** (2.748)	0.117*** (4.708)	−0.037 (−1.133)
LsdI	0.006 (0.142)	0.056 (1.514)	−0.072*** (−3.39)	−0.015 (−0.431)
Size	0.086* (1.749)	−0.048 (−1.33)	0.474*** (18.362)	0.187*** (5.088)
Lev	−0.124*** (−3.22)	0.002 (0.062)	−0.226*** (−8.682)	−0.045 (−1.246)
C_share	−0.023 (−0.53)	0.026 (0.739)	0.055** (2.522)	−0.043 (−1.18)
Growth	−0.036 (−0.969)	0.031 (0.967)	0.041* (1.928)	0.034 (1.026)
Age	0.03 (0.736)	−0.165*** (−4.436)	0.009 (0.353)	0.061 (1.619)

表3.9(续)

自变量	因变量：ln（ICindex）			
	国有企业		民营企业	
	央企	地方国企	家族控股上市民营企业	兼并重组上市民营企业
	栏目2	栏目3	栏目4	栏目5
Big4	0.016 (0.384)	−0.078** (−2.057)	0.066*** (3.237)	0 (0.000)
Constant	0.51*** (5.45)	0.61*** (6.98)	0.67*** (7.67)	0.78*** (9.65)
Industry/Year	控制	控制	控制	控制
N	469	814	2098	794
调整 R^2	0.213	0.248	0.177	0.19
F	12.91	18.99	30.97	14.31

注：***、**和*分别表示在1%、5%和10%的水平上显著，括号中数字为双尾检验的 t 值。

其次，从2009年7月1日起，企业内部控制基本规范在上市公司实施，随后于2010年陆续颁布了配套指引并逐步完善。考虑到年度影响，本章做了进一步检验，将地方国有企业作为样本组，分年度进行了检验。检验结果表明（见表3.10），管理层权力在特殊年度对内部控制质量仍具有显著正向影响，但在2011年不显著。将家族控股上市民营企业作为样本组，分年度进行了检验，检验结果表明（见表3.11），在大多数年度，管理层权力对内部控制质量具有显著正向影响。

表 3.10　地方国企样本组敏感性测试结果：分年度

自变量	2009 年	2010 年	2011 年	2012 年
Power	0.135* (1.898)	0.145* (1.872)	0.057 (0.835)	0.227** (2.522)
LsdI	0.084 (1.07)	−0.051 (−0.658)	0.015 (0.219)	0.062 (0.7)
Size	−0.09 (−1.192)	−0.02 (−0.265)	0.274*** (3.949)	0.207* (1.985)

表3.10(续)

自变量	2009 年	2010 年	2011 年	2012 年
Lev	0.015 (0.224)	−0.028 (−0.315)	−0.007 (−0.112)	0.002 (0.025)
Growth	0.019 (0.288)	0.141 * (1.718)	0.288 *** (4.696)	0.449 *** (5.249)
Age	−0.233 *** (−2.998)	−0.272 *** (−3.322)	−0.069 (−0.997)	0.07 (0.738)
Big4	−0.068 (−0.817)	−0.055 (−0.719)	−0.154 ** (−2.1)	0.012 (0.134)
C_share	−0.036 (−0.499)	−0.035 (−0.463)	0.162 ** (2.33)	0.093 (1.046)
N	233	212	220	117
调整 R^2	0.104	0.117	0.1	0.317
F	2.12	3.33	2.21	5.14

注：***、** 和 * 分别表示在1%、5%和10%的水平上显著，括号中数字为双尾检验的 t 值。

表 3.11　家族控股上市民企样本组敏感性测试结果：分年度

自变量	2009 年	2010 年	2011 年	2012 年
Power	0.16 *** (2.731)	0.055 (0.969)	0.112 *** (2.571)	0.102 *** (2.673)
LsdI	−0.032 (−0.612)	−0.06 (−1.281)	−0.081 * (−1.787)	−0.017 (−0.53)
Size	0.595 *** (9.046)	0.613 *** (9.904)	0.448 *** (9.626)	0.356 *** (8.382)
Lev	−0.303 *** (−4.980)	−0.233 *** (−3.943)	−0.185 *** (−3.819)	−0.228 *** (−5.408)
Growth	0.209 *** (4.085)	0.053 (1.098)	0 (−0.016)	0.153 *** (4.557)
Age	−0.039 (−0.609)	−0.116 * (−1.915)	0.055 (0.516)	0.115 ** (2.931)
Big4	0.086 * (1.707)	0.06 (1.272)	0.107 *** (2.899)	0.047 (1.405)

表3.11(续)

自变量	2009 年	2010 年	2011 年	2012 年
C_share	0.058 (1.078)	0.072 (1.353)	0.063 (1.479)	0.075** (1.988)
N	476	2010	2304	3602
调整 R^2	0.341	0.259	0.168	0.132
F	12.91	11.45	11.71	11.45

注：***、**和*分别表示在1%、5%和10%的水平上显著，括号中数字为双尾检验的 t 值。

最后，考虑到行业的影响，本章将地方国企和家族控股直接上市民企样本组分行业进行检验。表3.12和表3.13的检验结果表明，在地方国企和家族控股上市民企样本中，管理层权力对内部控制质量的提升作用主要集中于工业。而房地产、公用事业、商业和其他行业中，管理层权力对内部控制质量并无显著影响。一部分原因在于，从分行业的样本比重来看，大部分样本集中于工业，其他行业样本过少，一定程度上影响了结果的显著性，但对结论不会产生实质差异。结果说明本章实证检验结果具有高度稳定性和可靠性。

表 3.12　家族控股上市民企样本组敏感性测试结果：分行业①

自变量	行业 1	行业 2	行业 3	行业 4	行业 5
Power	0.167 (1.55)	0.061*** (2.658)	0.132* (1.798)	0.156 (1.292)	0.174 (1.419)
LsdI	−0.349*** (−3.327)	0.008 (0.389)	−0.074 (−1.075)	0 (0.00)	0 (0.00)
Size	0.093 (0.715)	0.006 (0.252)	0.304*** (3.651)	0.111 (0.789)	0.101 (0.856)
Lev	−0.164 (−1.209)	−0.014 (−0.612)	−0.237*** (−2.922)	0.117 (1.14)	−0.017 (−0.12)
Growth	0.067 (0.654)	0.011 (0.544)	0.223*** (3.406)	0.206** (2.035)	0.071 (0.665)
Age	−0.083 (−0.83)	−0.224*** (−8.859)	0.043 (0.509)	−0.354*** (−2.719)	−0.154 (−1.021)

---

① 表3.12中，行业1代表房地产行业，行业2代表工业，行业3代表公用事业，行业4代表商业，行业5代表其他行业。表3.13同。

表3. 12(续)

自变量	行业 1	行业 2	行业 3	行业 4	行业 5
Big4	0 (0.00)	0.004 (0.227)	0.206*** (3.212)	−0.067 (−0.504)	0 (0.00)
C_share	0.033 (0.361)	0.02 (0.895)	−0.171*** (−2.644)	0.04 (0.35)	0.003 (0.031)
N	100	2252	336	81	90
调整 R^2	0.307	0.182	0.195	0.348	0.274
F	5.31	46.27	5.99	5.27	4.65

注：***、**和*分别表示在1%、5%和10%的水平上显著，括号中数字为双尾检验的 t 值。

表3. 13 地方国企样本组敏感性测试结果：分行业

自变量	行业 1	行业 2	行业 3	行业 4	行业 5
Power	0.033 (0.29)	0.134*** (3.273)	−0.109 (−0.803)	0.119 (0.395)	0.061 (0.307)
LsdI	0 (0.00)	0.054 (1.207)	−0.014 (−0.117)	0.104 (0.815)	0 (0.00)
Size	0.755*** (7.324)	−0.117*** (−2.771)	0.284** (2.102)	0.473*** (4.466)	0.454** (2.015)
Lev	0.012 (0.122)	−0.006 (−0.161)	−0.121 (−1.067)	0.355 (3.104)	−0.138 (−0.792)
Growth	−0.13 (−1.402)	0.07* (1.819)	0.416*** (3.406)	0.019 (0.144)	−0.049 (−0.286)
Age	−0.109 (−0.904)	−0.118*** (−2.717)	−0.002 (−0.02)	0.104 (0.815)	−0.276 (−1.459)
Big4	−0.045 (−0.45)	−0.079* (−1.725)	−0.054 (−0.405)	−0.242** (−2.15)	0 (0.00)
C_share	0.17 (1.272)	0.055 (1.358)	0.02 (0.182)	0.28** (2.319)	−0.361 (−1.61)
N	41	565	89	56	37
调整 R^2	0.71	0.248	0.176	0.532	0.17
F	10.81	17.89	12.52	6.68	1.82

注：***、**和*分别表示在1%、5%和10%的水平上显著，括号中数字为双尾检验的 t 值。

第五节　研究结论与局限性

本章通过实证研究方法验证了不同产权制度下管理层权力配置对内部控制质量的影响。实证结果显示，对于家族控股上市的民营企业而言，由于控股股东与职业经理人往往是合一的，因此这类企业中管理层权力能提升企业内部控制质量。对地方性国有企业而言，地方分权和地方政府之间激烈的"政治锦标赛"及货币的中央集权和财政分权一定程度上硬化了预算约束，使得这类企业有利于管理层企业家精神的发挥，因此管理层权力与内部控制质量显著正相关。而对于央企而言，代理人的"准官员"性质、预算软约束弱化了来自市场竞争的硬约束以及其具有自然垄断特性，使得这类企业中管理层权力对内部控制质量无显著影响。综上说明，在权力配置结构相同的情况下，所有权效应越小时，管理层的经营能力和从事经营性目标的积极性越大，从事权力斗争谋取控制权私利的积极性越小，越有利于发挥职业经理人的"企业家精神"，有利于企业的价值创造。而所有权效应越大时，管理层的经营能力和从事经营性目标的积极性越小，从事权力斗争谋取控制权私利的积极性越大，无法发挥职业经理人应具备的"企业家精神"，不利于企业的价值创造。进一步说明，在委托代理关系中，若不能有效发挥职业经理人的积极性及企业家精神，对控制权进行控制是没有意义的。因此，需要从单纯降低股东与经理间的第一类代理成本转向为人力资本提供激励。同时，对于纯私人家族的公司而言，企业家拥有的所有权本身就是一种治理机制，凸显的企业家精神自我约束和自我实施是其典型特征，对这类公司治理应更强调激励机制的治理，此时赋予管理层较大权力更有利于激励企业家精神的发挥，体现了"权力保障说"。而单纯（全资或高度控股）的国有或公共产权公司，则应更强调权力的制衡和约束，防止代理人实施机会主义行为。

本章从管理层权力角度研究其对内部控制质量的影响，由于数据计量的局限性，研究结论存在局限性。若能将更多公司纳入研究对象以及将境内外同时上市和只在境内上市的公司作为对比样本来进行分析，可能会有更新的发现。

第四章　企业生命周期、管理层权力
与内部控制质量

第一节　引言

家族企业在全球经济中有着举足轻重的地位，诸多国际品牌如三星、宝马、福特等，均为世袭家族企业。中国传承至今的家族老店为数不多，部分原因是改革开放前我国政策限制了民营经济的发展。而在 1978 年改革开放之后，从鲁冠球白手起家开始，中国的民营资本蓬勃壮大，家族企业成为不可忽视的群体。福布斯发布的 2014 年中国家族企业调查报告显示，截至 2014 年 7 月 31 日，1485 家 A 股上市民营企业中，747 家为家族企业，占比为 50.3%。由于创始人家族集中的所有权结构和亲缘带来的"利他主义"使其积极参与公司经营管理，从而使股东和经理人之间的利益更具有一致性。然而，家族企业集中的所有权会促使大股东以小股东利益为代价来追求私有收益，因此家族企业中股东与经理人之间第一类代理冲突程度较低，大小股东之间代理冲突程度较高。已有文献探讨了家族企业在组织治理、所有权结构和财务报告质量等方面的表现，但忽略了家族企业内部控制质量的研究。

2008 年五部门联合发布了《企业内部控制基本规范》，明确规定管理层和董事会分别构成内部控制制度的执行和责任主体，管理层成为内部控制制度建设的"中心角色"。内部控制制度通过具体措施限制执行者的权力滥用，使任何人不能凌驾于其上。但由于组织结构实际设计与预期设计的差异、自身不确定性及环境动态变化等固有缺陷的存在，权力关系成为影响内部控制质量的重要因素。管理层一方面负责制定和颁布规章制度，另一方面拥有部分例外事项的处理权限，两者的最佳结合构成内部控制制度的执行效果。管理层权力配置将对内部控制质量产生重要影响，已有研究围绕该话题得出了一些有益结论。但这些研究仅停留在企业静态层面，忽略了当企业处于不同生命周期阶段时，管理层权力对内部控制质量影响的差异。

　　生命周期理论认为，企业形成和发展具有生命体部分形态，企业生产经营、组织特点及投资者和管理者间的关系在不同阶段各不相同，致使其面临的信息不对称和代理问题严重程度存在差异。家族企业的特殊之处在于家族成员的亲缘关系，亲缘带来的"利他行为"是家族企业区别于其他企业的特征，利他行为对代理成本的影响具有阶段性特征。内部控制的本质是通过监督和制衡方式降低代理成本，内部控制质量是否呈现阶段性差异以及管理层权力对内部控制质量的影响是否发生动态变化，这都是值得进一步探讨的话题。

　　鉴于此，本章以2007—2013年沪深A股上市家族企业作为样本，研究家族企业内部控制质量在企业不同生命周期阶段的演变、家族企业管理层权力对内部控制质量的影响及动态变化，以及不同类型CEO对管理层权力与内部控制质量关系的影响。研究发现，首先，家族企业的内部控制质量随企业生命周期呈下降的变化趋势，处于成长期的家族企业内部控制质量显著较高，处于非成长期的家族企业内部控制质量显著较低。其次，对处于成长期的家族企业而言，结构权力和专家权力与内部控制质量显著正相关，所有权权力与内部控制质量显著负相关；而对处于非成长期的家族企业而言，专家权力和所有权权力与内部控制质量显著负相关，结构权力对内部控制质量影响不显著。另外，家族企业管理层来源的复杂性，导致权力形成存在异质性。笔者通过手工搜集CEO背景资料，发现我国家族企业的CEO基本可分为如下几类[1]：实际控制人[2]自任CEO、实际控制人的家族成员任CEO、家族外的共同创业者任CEO，以及非家族非创业CEO。其中，家族CEO可按亲缘类型进一步分为实际控制人的配偶、父母子女、兄弟姐妹、女婿及其他远亲；非家族非创业CEO可分为内部晋升的企业员工与外聘职业经理。进一步的研究发现，实际控制人自任CEO对内部控制质量具有直接负向作用，且对专家权力与内部控制质量之间的关系具有正向调节作用，但这种调节作用不具有周

---

[1]　家族CEO类型的分类标准参考了赵宜一和吕长江的论文《亲缘还是利益？——家族企业亲缘关系对薪酬契约的影响》。
[2]　实际控制人是指取得实际控制权的股东，又被称为最终控制人。他们可通过包括投票权在内的各种方式最终掌握公司战略决策权。《中华人民共和国公司法》规定，实际控制人虽然并非公司股东，但可通过投资关系、协议或其他形式实际支配公司行为，可以是自然人、家族或企业法人或政府机构等。

期性特征。我们还根据费孝通的"差序格局"① 理论，结合贺小刚、连燕玲[84]关于亲属关系重要程度的问卷结果，其将样本中的家族 CEO 按亲缘远近进行区分，研究发现，亲缘关系越强的家族成员任 CEO，内部控制质量越低，且较强的亲缘关系会增强所有权权力对内部控制质量的抑制作用。对上述问题的研究有助于全面认知在家族上市公司中，内部控制质量在企业不同生命周期阶段的演变，也有助于动态认知企业管理权力对内部控制质量的影响，对我国家族上市公司的内部控制建设在不同发展阶段的调整和改革具有重要意义。

本章的主要贡献在于：

（1）基于管家理论视角，分析了家族上市公司中不同生命周期阶段的内部控制质量特征，丰富了内部控制研究文献。

（2）从动态角度考察家族企业管理层不同维度权力对内部控制质量的影响，为我国家族企业内部控制制度建设提供了经验证据。

（3）家族企业中管理层来源的复杂性，导致权力的形成存在异质性。本书将我国家族企业 CEO 类型按亲缘、创业等重要指标分类，检验 CEO 类型对管理层权力与内部控制质量的影响，使得研究结论更清晰。

第二节　文献综述与研究假设

一、企业生命周期与内部控制质量间关系的文献综述 与研究假设

将生命周期理论引入会计研究始于 20 世纪末，Fluck[85]用生命周期理论解释资本结构的动态变化。Black 等[86]研究了企业盈余及现金流量信息含量在企业不同生命周期阶段的特征，研究发现现金流量指标在成长期、成熟期和衰退期比盈余指标更有信息含量。Aharony[87]研究发现，考虑生命周期效应后权责发生制下的会计信息解释能力远高于企业现金流量。李云鹤等[88]用生命周期理论解释资本配置效率的动态变化以及对公司治理机制的动态作用机理。研究发现，是否支付

---

① 差序格局由费孝通先生提出，它用于描述亲缘远近的人际关系，就如水面泛开的连漪一圈一圈推出去。

股利呈现生命周期特征，而现金股利支付率不具有生命周期特点。迄今为止，仅有国内学者张颖和郑洪涛[59]通过问卷调查方式得出结论：当企业处于成熟期时，内部控制质量更高。

首先，根据企业生命周期理论，企业在不同阶段的组织特征、经营和管理决策呈现出不同特点，企业也面临不同程度的代理成本。从代理成本来看，创业期家族企业规模较小，创始人与所有者往往是合一的，组织中代理问题并不显著，此时对内部控制制度的需求也并不强烈。当企业进入成长期后，随着组织规模的不断扩大，企业所有权与经营权逐步分离，组织层级开始复杂化，委托代理问题开始出现。"利他行为"嵌入家族企业创业者和家族经理人之间，利他行为对代理成本的影响具有阶段性差异。

一方面，在成长期，家族成员介入企业经营管理的比重较高，由于家族成员与创业者之间具有双向信任对称性，有利于减少创业者与家族经理之间的代理冲突。另一方面，家族成员内部存在亲属网络，亲属网络中"共同的社会资本及亲属间的信任"使家族成员内部拥有共同利益，在共同利益驱使下，家族经理更倾向于实施利他主义行为。在利他主义价值观下，个人将他人利益纳入行事动机，其效用函数不仅包括个人利益，也包含他人利益。Corbetta 等[89]认为，家族高管这样做的原因在于家族高管将个人利益置于家族利益之下，追求家族和谐这一非财务目标。

其次，在家族企业中，家族企业所有者与其家族成员之间按亲缘远近逐圈形成同心圆结构，亲缘关系呈现"差序格局"特征（郑伯埙，1995）。费孝通提出，"在以己为中心，像石子投入水中般，像水的波纹一圈圈推出去，愈推愈远，愈推愈薄，'亲子和同胞'等亲属关系构成推动这一圈圈波纹的主要力量"。差序格局特征的亲缘关系构成家庭资源的重要分配路径，家族核心成员中资源配置的主要方式基于亲缘的利他行为。利他行为结构呈现差序格局状态，随着所有者与家族经理间亲缘关系从内圈向外圈逐渐弱化，两者间利他行为逐圈递减。在家族企业成长期，家族企业核心成员工作和生活在一起，创业者更能清楚了解其在工作中的努力程度，能有效消除家族经理的机会主义行为。亲缘关系赋予家族成员对企业财富的剩余分配权，亲缘将所有者与管理者利益天然绑定，管理层的自利行为将有所减少，从而降低道德风险带来的代理成本，同时也使所有者与管理层之间的信息不对称程度降低，且股东的监督成本降低，此时利他行为的差序格局对代理成本更多体现为积极效应。内部控制作为一种管理活动，以提高企业财务报告信息质量、提升企业经营效果和效率、合法合规经营以及促进实现企业发展战略为目标，并通过牵制和约束、防护和引导、监督和影响及衡量和评价体现对公司管理控制的特性。因此，笔者认为，由于利他主义动机的积极效应，处于成长期的家族经理会积极推动内部控制制度建设。

同时，处于成长期的家族企业，由于其存在较强的亲缘关系，从而使成员之间具有高度认同感，有利于节约成员之间信息沟通与交流产生的交易费用及协调成本，有利于提高内部控制制度的执行效率。家族成员间由于亲缘关系而存在的独特的情感氛围，也有利于成员之间形成共同价值观，有利于在企业内部形成稳定的高层基调，从而有利于企业内部控制环境建设。此外，在处于成长期的企业中，家族成员所有权与控制权往往是合一的，家族的控制和社会影响力较大，更容易形成家族权威，权威的形成有利于避免多头指挥，降低协调成本，提高组织效率，从而使企业在开展内部控制制度建设时更具有效率优势。因此，笔者认为，处于成长期的家族企业内部控制质量较高。

随着企业发展壮大，"利他行为"的积极作用开始减弱，负面作用逐渐增强。一方面，当企业进入成熟期后，所有权开始分散化，家族拥有部分所有权及少部分控制权。随着外部职业经理人逐步引入，家族经理人受自身能力和知识及自我控制引发的道德风险增加，道德风险导致的成本将超过双向对称信任节约的交易成本，此时家族经理人的代理特性会更显著。另一方面，随着企业发展壮大，代理链条数量增加以及单根链条拉长，子女等核心家族成员会另组家庭，加剧了信息的不对称程度。此时创业者由于缺少家族经理努力程度的信息，难以有效惩罚经理人的机会主义行为，从而会增加代理成本。同时，随着组织规模的扩大，企业加快引进近亲、远亲等家族经理，而非核心家族成员的进入又加剧了逆向选择以及不同类别家族成员间多重歧视的问题[90]。因此，当企业进入成熟期后，"利他行为"的差序格局效应使代理成本的负面作用逐渐增强，家族经理人的机会主义行为动机也随之增强。为了掩盖个人机会主义行为，家族企业所有者从动机上可能不会投入大量资源进行内部控制建设。在成熟期，家族经理与外部职业经理人和控制性家族之间存在复杂的代理冲突，企业中委托代理问题更为复杂和严重。此时，家族企业内部将形成不同的利益集团，家族成员之间及外部职业经理人之间的认同感降低，这将增加成员之间信息沟通和交流产生的交易费用及成员间的协调成本，从而可能会降低内部控制的执行效率。对处于衰退期的家族企业而言，企业成长机会减少，组织灵活性下降，代理问题延续成熟期趋势，内部产生官僚作风，企业可能遭遇被并购的风险，因而高管基于职业防御考虑可能会做出危害企业利益的行为。出于防御目的，家族企业所有者为了追求个人私利更愿意建立薄弱的内部控制制度，因为薄弱的内部控制制度可能导致较低的会计信息质量，从而进一步加剧创始人家族和其他股东之间的信息不对称问题。因此，由上述分析，本章提出如下假设：

H3a：对处于成长期的家族上市公司而言，企业内部控制质量较高。

H3b：对处于非成长期的家族上市公司而言，企业内部控制质量较低。

二、企业生命周期、管理层权力与内部控制质量间关系的文献综述与研究假设

国内外研究缺少对企业生命周期、管理层权力与内部控制质量关系的研究。事实上，企业处于不同发展阶段时，管理层权力结构具有不同特点。若忽略企业生命周期，就无法深入分析管理层权力配置状态对内部控制质量的影响。

本研究采用 Finkelstein[5] 对高管权力（结构权力、专家权力、所有权权力和声誉权力）的分类，考虑在我国经济转型过程中，职业经理人市场声誉机制还未完全建立，选用结构权力、专家权力和所有权权力衡量家族企业高管权力。

首先，从所有权权力角度分析，处于成长期的家族企业中，高管往往是公司创始人之一并同时担任所有者角色，这成为所有权权力的来源。随着高管承担的所有者角色比重增加，亲缘关系带来的"利他主义"使股东与经理人之间的利益更具有一致性，但这会加剧家族企业所有者与小股东之间的代理冲突。我国企业内部控制的目标旨在合理保证其实现企业战略、保证经营效率和效果、保证财务报告的真实可靠、保证资产的安全完整以及遵循国家法律法规和监管要求。从内部控制制度的目标来看，内部控制通过限制虚假信息披露及内幕交易的方式谋取私利。一方面，高管作为大股东的实际代理人往往通过特殊股利或自我交易的方式剥夺小股东的利益。Skaife 等[91] 研究发现，内幕交易在财务报告内部控制缺陷较多的公司更明显。薄弱的内部控制会削弱小股东和其他市场参与者干预高管机会主义行为的能力。高管随着自身所有权权力的增加，越有能力安排家族成员在公司董事会中任职，越有能力削弱董事会的监督效率，从而越有可能削弱公司内部控制。另一方面，从家族企业治理角度来看，家族股东与家族高管间的关系更多是基于隐性契约，其更倾向于利用信任、情感等弹性机制来解决代理问题。研

究发现，家族企业更多依赖建立在家族成员社会关系基础上的关系控制（如传统、忠诚、利他主义及血缘等）来解决代理问题。在家族企业中以关系为基础的非正式治理在成本控制和经营上更有效，导致更多的正式治理被替代，从而不利于企业内部控制建设的展开。因此，笔者认为所有权权力与企业内部控制质量显著负相关。

其次，从专家权力角度分析，随着高管任职时间增加，高管积累的个人威信越高，越容易形成权威，这种权威在个人偏好、家族利益和组织目标协调上更具优势。对处于成长期的家族企业而言，由于"利他主义"的积极效应，高管所拥有的专家权力越大，越有利于内部控制制度有效实施。同时，随着高管的专家权力增强，他们对公司经营有更多的了解，有利于他们更好地监督内部控制执行、发现控制问题并进行及时改进。

最后，从结构权力角度分析，总经理兼任董事长和内部董事控制董事会有利于内部控制制度的有效执行。第一，当企业处于成长期时，由于家族经理参与企业经营比重较大，总经理兼任董事长可以减少家族企业内部权力斗争并提高企业经营效率，减少因职务分离而引发的组织和协调问题，有利于企业组织效率的提升，此时，内部控制制度建设更具有效率上的优势。第二，在信息沟通过程中，总经理兼任董事长时，由于其拥有信息过滤权力，其他决策者无法完全了解企业实际状况，从而降低决策中观点的异质性，进而增大极端决策的可能性，此时更容易形成集权的企业文化。当家族企业处于成长期时，在集权的企业文化下，内部控制制度可能更多采取自上而下的方式推进，从而使内部控制制度在执行上更具有效率优势。由此，提出如下假设：

H4a：处于成长期的家族企业中，总经理所有权权力与内部控制质量负相关。

H4b：处于成长期的家族企业中，总经理专家权力与内部控制质量正相关。

H4c：处于成长期的家族企业中，总经理结构权力与内部控制质量正相关。

对处于成熟期和衰退期（以下简称"非成长期"）的家族企业而言，"利他主义"的消极效应使家族经理的代理人特征更显著。随着企业规模不断扩大、市场竞争日趋激烈，外部职业经理人逐步被引入，组织权力在职业经理人与家族成员之间如何分配成为家族企业管理中的难题。此时，家族企业内部委托代理问题更突出和复杂，存在创业者与家族经理、创业者与职业经理人、控制性家族与分散社会股东之间的代理冲突。同时，企业加快引入近亲、远亲家族经理人，各类非核心家族成员的进入也加剧了逆向选择问题的严重性。此时，一方面，家族企业中代理人异质性增强，容易导致共同价值观念淡薄，不利于增强企业内部凝聚力。另一方面，家族经理人的代理人特性增强了其机会主义行为动机。由于内部控制是降低代理冲突和加强投资者保护的重要防线，随着高管所有权权力的增加，其越有动力和能力实施机会主义行为来谋取个人私利。因此，我们认为，随着高管所有权权力增加，企业内部控制质量将降低。

从专家权力角度分析，随着高管任职时间的增加，高管积累的个人权威在代理人特征的影响下，更可能引发高管的防御行为，从而制约内部控制有效运行。Allen[92]研究发现，总经理的知识水平、社会经验和经营能力会随其任期的延长而提升。Tosi[4]研究发现，总经理任职时间越长，其选择支持其计划的董事的机会越大。在缺乏董事会成员严格考评制度的情况下，高管利用权力追求个人目标的可能性更大。从内部控制目标分析可知，内部控制通过限制管理层虚假信息披露、操纵会计信息及内幕交易等方式谋取私利，因此，随着高管专家权力的增加，企业内部控制质量将降低。

从结构权力角度分析，对处于非成长期的家族企业而言，由于"利他行为"的消极效应逐步增加，家族经理更多充当代理人角色，代理人存在机会主义行为，这不利于企业内部控制的有效执行。首先，总经理兼任董事长违背内部控制不相容职务分离原则，无法实现权力的有效牵制，在激励不相容和信息非对称的情况下，两职合一更容易削弱董事会及下属审计委员会的监督，进而增加企业代理成本。其次，与许多高管参与决策相比，两职合一的总经理在企业决策中的自由度越大，越能使自身偏好占优，这也会限制董事会的信息处理能力，并将阻碍企业内部控制制度执行过程中信息的有效沟通和交流。由上述分析，提出如下假设：

H5a：对处于非成长期的家族企业而言，总经理所有权权力与内部控制质量负相关。

H5b：对处于非成长期的家族企业而言，总经理专家权力与内部控制质量负相关。

H5c：对处于非成长期的家族企业而言，总经理结构权力与内部控制质量负相关。

第三节　研究方法与研究模型

一、样本选择

（一）家族企业的判定

本章根据北京大学中国经济研究中心（CCER）民营上市公司数据库，筛选出 2007—2013 年沪深 A 股家族上市公司，并参考许静静和吕长江[93]的做法，将家族企业（公司）界定为：实际控制人为自然人，或某个以血缘、姻缘联结的家族企业（公司）。

样本区间始于 2007 年，原因是"迪博·中国上市公司内部控制指数"的披露始于 2007 年。通过手工筛选，将符合下列条件的民营企业纳入家族企业样本：

（1）实际控制人为自然人或家族；

（2）实际控制人为上市公司第一大股东。

满足上述条件后再删除以下样本：

（1）当年 ST 公司；

（2）金融保险业公司；

（3）所需数据缺失的公司。

最终样本为 3635 家公司的年度观测值。笔者对财务数据变量进行 1% 和 99% 分位数缩尾处理。样本的年度行业分布如表 4.1 所示。

表 4.1　家族企业年度行业分布表

行业	年份							合计
	2007	2008	2009	2010	2011	2012	2013	
A 农林牧渔	6	7	8	9	15	16	17	78
B 采掘业	3	3	4	4	4	7	12	37
C 制造业	129	185	220	272	494	721	773	2794
D 电力、煤气、水	2	1	1	1	2	3	6	16
E 建筑业	6	8	9	11	17	25	28	104

表4.1(续)

行业	年份							合计
	2007	2008	2009	2010	2011	2012	2013	
F51 批发业	4	5	6	6	9	10	13	53
F52 零售业	3	3	5	6	9	16	19	61
G 运输业	2	2	3	3	5	6	5	26
I 软件服务业	12	15	18	26	47	67	90	275
K70 房地产业	6	12	11	14	15	13	20	91
L72 商业服务业	0	2	3	3	5	6	6	25
M74 专业服务业	0	0	0	3	6	7	10	26
N77 生态保护和环境治理业	0	0	0	0	0	0	7	7
R 传播与文化产业	1	1	1	2	5	7	9	26
S 综合类	2	2	2	2	2	2	4	16
合计	176	246	291	362	635	906	1019	3635

（二）家族企业 CEO 类型的判定

本章按照是否创业、是否存在亲缘关系、亲缘远近逐层对家族企业 CEO 类型进行分类。其中，创业型 CEO 包括实际控制人本人、家族外共同创业者。非创业型 CEO 包括家族 CEO 与非家族 CEO。非家族 CEO 包括内部晋升员工与外聘职业经理，家族成员 CEO 可按照亲缘远近进一步细分为：

（1）核心家庭成员（配偶、父母子女、兄弟姐妹）之间的亲缘关系比其他亲属更近。

（2）核心家庭内部的亲缘次序，根据贺小刚和连燕玲[94]的调查结果，我们给出"配偶 > 父母子女 > 兄弟姐妹"的顺序。

（3）核心家庭之外的亲属，包括女婿以及其他远亲。Bunkanwanicha 等[95]和 Mehrotra 等[96]均强调了女婿掌权对企业价值的提升作用，因此本章提出"女婿 > 其他远亲"。其他远亲包括表兄弟姐妹、堂兄弟姐妹的配偶，配偶的兄弟姐妹，堂表兄弟姐妹的配偶、连襟以及其他关系，由于每类样本数量较少且亲缘强弱关系难以判断，因此将其归为一类。基于此，本节将 CEO 按亲缘关系由近及远排序为：实际控制人的配偶>父母子女>兄弟姐妹>女婿>其他远亲>非家族成员。

二、研究设计

(一) 研究变量

1. 内部控制质量度量

本章采用深圳迪博公司发布的内控指数数据，有学者在其研究中予以应用，如杨德明等[97]采用此指数探讨审计质量与大股东占用资金间的关系。

2. 企业生命周期变量

参照 Dickinson[98]使用的现金流组合信息划分企业生命周期，该方法不需要对生命周期在不同公司间的分布进行假设，划分方法见表 4.2。鉴于本章的研究内容，其中成长期包括导入期和增长期，衰退期包括淘汰期和衰退期。

表 4.2　生命周期的现金流组合特征

	导入期	增长期	成熟期	淘汰期 1	淘汰期 2	淘汰期 3	衰退期 1	衰退期 2
营业活动产生的现金净流量	−	+	+	−	+	+	−	−
投资活动产生的现金净流量	−	−	−	−	+	+	+	+
筹资活动产生的现金净流量	+	+	−	−	+	−	+	+

注：+表示增加，−表示减少。

3. 管理层权力变量

参考 Finkelstein[5]对高管权力的分类，考虑中国特殊制度背景，将权力指标分为：

(1) 结构权力 (Power1)，采用总经理两职兼任和董事会中内部董事人数计量。

(2) 专家权力 (Power2)，采用总经理任职时间衡量。

(3) 所有权权力 (Power3)，采用总经理持股比例和机构投资者持股比例衡量。总经理持股比例越高，越有能力抵抗董事会对管理层的监督。另外，由于机构投资者的核心功能是对企业管理层的经营决策实施外部监督，这对制约管理层决策权具有重大作用。当机构投资者持股比例越低时，总经理受到的外部监督的力量越弱，总经理在决策中自由度越高，管理层权力越大。

（4）综合指标，在稳健性测试中采用以上指标直接相加求平均值（Power_ew）。管理层权力具体测度标准见表4.3。

表4.3　管理层权力指标测度定义及说明

权力维度	指标及解释
结构权力 （Power1）	总经理两职兼任（X_1）：总经理兼任董事长或副董事长取值为2，总经理与董事长或副董事长不兼任取值为1 董事会中内部董事人数（X_2）：董事会成员数量扣除独立董事人数 Power1：（$X_1 + X_2$）大于行业均值取1，否则为0
专家权力 （Power2）	总经理任职时间（X_3）：总经理担任该职务的时间，以月为单位 Power2：若 X_3 大于行业均值则取值为1，否则为0
所有权权力 （Power3）	总经理持股比例（X_4）：若大于行业中位数取值为1，否则为0 机构投资者持股比例（X_5）：若低于行业中位数取值为1，否则为0 Power3 = $X_4 + X_5$
Power_ew	Power_ew =（$X_1 + X_2 + X_3 + X_4 + X_5$）/5

4. 控制变量

参考相关研究，本章的控制变量有：

（1）资产负债率（Lev），资产负债率越高，债权人对管理层权力约束越大，预期内部控制质量越高。

（2）公司规模（Size），取值为公司期末总资产自然对数。

（3）资产净利率（Roa），若公司业绩较好，公司规模可能越大，公司可能有更多资源来完善企业内部控制质量。

（4）第一大股东持股比例（C_share），反映控股股东对公司的控制程度。

（5）总资产增长率（At）和存货比重（Inventory）。一般认为，企业若成长越快、存货越多、风险越高，则越需要内部控制制度发挥治理作用。

（6）公司上市时间（Age），即公司上市时间长短。

（7）行业哑变量（Industry），按照行业指引分类，剔除金融行业，共四个行业哑变量。

（8）年度哑变量（Year），按照样本设计时间跨度，设置六个年度哑变量。

（二）研究样本

本章选择 2007—2013 年 A 股上市家族公司作为样本，剔除金融行业、ST 和 PT 企业及财务和公司治理数据缺失的样本，为消除极端值影响，对财务数据变量进行了 1% 和 99% 分位数缩尾处理，最终得到 3635 家公司年度观测值。本章所使用的数据来源于 CSMAR 和 CCER 数据库。其中，家族企业 CEO 类型及总经理任职时间由手工分析获取。内部控制指数采用深圳迪博企业风险管理技术有限公司发布的内部控制指数数据。

（三）模型设计

1. 企业生命周期与内部控制质量关系

为验证假说 H3a 和 H3b，使用 OLS 回归方程（4.1）直接估计企业生命周期对内部控制质量的影响。

$$\ln(\text{ICindex})_{i,t} = a_0 + a_1 \text{Life\_cycle}_{i,t} + a_2 \text{Power1}_{i,t} + a_3 \text{Power2}_{i,t} +$$

$$a_4 \text{Power3}_{i,t} + a_5 \sum_{i=1}^{n} \text{Control}_{i,t} + \varepsilon \tag{4.1}$$

因变量 ln（ICindex）选用内部控制指数取自然对数。企业生命周期变量（Life_cycle）包括成长期和非成长期两个阶段。控制变量包括资产负债率（Lev）、公司规模（Size）、资产净利率（Roa）、第一大股东持股比例（C_share）、总资产增长率（At）、存货比重（Inventory）、公司上市时间（Age）以及行业哑变量（Industry）和年度哑变量（Year）。管理层权力作为控制变量时，包括结构权力（Power1）、专家权力（Power2）、所有权权力（Power3），ε 为随机扰动项。在回归中在控制和不控制管理层权力变量的情况下，检验内部控制质量在不同生命周期阶段的特征。

2. 不同生命周期阶段管理层权力与内部控制质量的关系

为了验证假说 H4a、H4b、H4c、H5a、H5b 和 H5c，将样本划分为成长期和非成长期两个子样本，分项考察不同生命周期内管理层权力对内部控制质量的影响。因此，使用 OLS 回归估计方程（4.2），检验管理层权力对内部控制质量的影响是否呈现不同生命周期阶段特征。其中控制变量含义同上，ε 为随机扰动项。

$$\ln(\text{ICindex})_{i,t} = a_0 + a_1 \text{Power1}_{i,t} + a_2 \text{Power2}_{i,t} + a_3 \text{Power3}_{i,t} +$$

$$a_4 \sum_{i=1}^{n} \text{Control}_{i,t} + \varepsilon \tag{4.2}$$

3. 不同类型 CEO 对管理层权力与内部控制质量关系的影响

家族企业中，由于管理层来源具有复杂性，可能有家族成员、外部职业经理人或内部晋升的员工等，他们与公司既有经济利益联系也有情感联系，从而导致管理层权力的形成存在异质性。笔者进一步根据 CEO 不同类型来分析管理层权力与内部控制质量的关系，厘清其对内部控制质量影响的主导因素，从而使研究结论更加清晰。

本章按照是否创业、是否存在亲缘关系、亲缘关系远近逐层对家族企业 CEO 进行分类，具体可分为实际控制人本人、家族外共同创业者、实际控制人家族成员、内部晋升员工与外聘职业经理人。本章采用模型（4.3）检验不同类型 CEO 对管理层权力与内部控制质量关系的影响。

$$\ln(\text{ICindex})_{i,t} = a_0 + a_1 \text{Power1}_{i,t} + a_2 \text{Power2}_{i,t} + a_3 \text{Power3}_{i,t} +$$
$$a_4 X_{i,t}\{\text{Self}, \text{Fceotype}\} + a_5 X_{i,t}\{\text{Self}, \text{Fceotype}\} \times \text{Power1}_{i,t} +$$
$$a_6 X_{i,t}\{\text{Self}, \text{Fceotype}\} \times \text{Power2}_{i,t} + a_7 X_{i,t}\{\text{Self}, \text{Fceotype}\} \times$$
$$\text{Power3}_{i,t} + a_8 \sum_{i=1}^{n} \text{Control}_{i,t} + \varepsilon \qquad (4.3)$$

当 X 分别取 Self 和 Fceotype 时为哑变量，Self 取 1 表示实际控制人自任 CEO，取 0 表示其他人担任 CEO。Fceotype 取 1 表示实际控制人家族成员任 CEO，否则取 0。当 X 取 Fceotype 时为有序变量，家族 CEO 按照亲缘关系由近及远依次为实际控制人父母子女、兄弟姐妹、女婿和其他远亲，Fceotype 依次取值为 4、3、2、1。

第四节　实证检验与结果分析

一、描述性统计

表 4.4 为研究变量的全样本描述性统计。样本中家族企业 ln（ICindex）平均值为 6.515，波动区间为 5.24 至 6.87，标准差为 0.11，说明数据离散度较小。家族企业第一大股东平均持股比例（C_share）为 34%，最大值高达 86%，存在股权集中现象，说明大股东对管理层权力约束较大。家族企业的资产负债率（Lev）均值高达 35%，说明债权人对管理层权力约束较大。

表4.4 全样本描述性统计

变量	样本量	均值	标准差	最大值	最小值
ln（ICindex）	3635	6.515	0.11	6.87	5.24
Power1	3635	0.516	0.49	1	0
Power2	3635	0.469	0.49	1	0
Power3	3635	1.138	0.58	2	0
Lev	3635	0.35	0.19	0.95	0.007
C_share	3635	0.34	13.94	2.19	0.86
Roa	3635	0.05	0.055	0.39	−1.15
A	3635	0.22	1.29	74.84	−0.53
Age	3635	4.55	3.98	24	1
Size	3635	21.39	0.92	25.51	18.34
Inventory	3635	0.15	0.12	0.94	0.000023

表4.5 为家族企业 CEO 分类样本的描述性统计。A 组按 CEO 类型分类，可以看出在内部晋升员工担任 CEO 的样本中，ln（ICindex）均值最高，内部控制质量平均水平最高，资产负债率（Lev）、资产净利率（Roa）、公司规模（Size）和公司上市年限（Age）均值最大。实际控制人自任 CEO 的样本中，结构权力（Power1）、专家权力（Power2）和所有权权力（Power3）均值最大。

B 组为家族成员任 CEO 按亲缘远近分类，在 276 个家族成员任 CEO 样本中，实际控制人的父母子女担任 CEO 的样本高达 133 个，实际控制人的兄弟姐妹担任 CEO 的样本有 66 个，其他远亲担任 CEO 的样本有 62 个，女婿担任 CEO 的样本有 15 个。样本显示，实际控制人的父母子女任 CEO 的样本中，ln（ICindex）均值最高。实际控制人的兄弟姐妹任 CEO 的样本中，资产净利率（Roa）、第一大股东持股比例（C_share）及存货比重（Inventory）的均值最大。15 个女婿担任 CEO 的样本中，专家权力（Power2）和总资产增长率（At）均值最大。有趣的是，其他远亲担任 CEO 的样本中，结构权力（Power1）和资产负债率（Lev）的均值最大。

C 组按样本所处企业生命周期的分类，在 3635 个总样本中，成长期样本占77%，成熟期样本占 18%，衰退期样本占 5.3%，表明我国家族企业大部分处于成长期。在成长期企业样本中，实际控制人自任 CEO 样本占 43%，外聘职业经理人样本占 27%，内部晋升员工任 CEO 样本占 15%。成熟期企业样本中，实际控制人自任 CEO 样本占 38%，外聘职业经理人样本占 31%，内部晋升员工任 CEO 样本占 19%。

表 4.5　CEO 分类样本描述性统计

A 组：按 CEO 类型分类				
变量	实际控制人自任 CEO（Self）	实际控制人的家族成员任 CEO（Fceotype）	家族外共同创业者任 CEO	非家族非创业 CEO（Nfceotype）
				内部晋升员工	外聘职业经理
$n = 3635$	1478	274	231	591	1061
ln（ICindex）	6.519	6.516	6.516	6.528	6.509
Power1	0.73	0.35	0.36	0.30	0.42
Power2	0.56	0.40	0.43	0.37	0.42
Power3	1.43	0.98	1.18	0.85	0.93
C_share	0.35	0.351	0.303	0.329	0.353
Lev	0.31	0.369	0.396	0.404	0.362
Roa	0.053	0.041	0.0536	0.054	0.046
Age	3.3	5.32	4.1	5.99	5.37
At	0.191	0.15	0.181	0.241	0.268
Size	21.16	21.44	21.37	21.54	21.44
Inventory	0.134	0.191	0.161	0.176	0.157
B 组：家族成员任 CEO 按亲缘类型分类				
变量	父母子女（4）	兄弟姐妹（3）	女婿（2）	其他远亲（1）
$n = 276$	133	66	15	62
ln（ICindex）	6.522	6.510	6.511	6.51
Power1	0.25	0.29	0.13	0.37
Power2	0.24	0.13	0.33	0.24
Power3	1.137	0.59	0.6	0.29
C_share	0.348	1.117	0.867	1.10
Lev	0.363	0.353	0.392	0.394
Roa	0.0405	0.0446	0.0342	0.0373
At	0.163	0.106	0.362	0.12
Size	21.56	21.26	21.32	21.39
Inventory	0.17	0.23	0.16	0.205

表4.5(续)

C组：按CEO类型所处生命周期分类					
变量及阶段	实际控制人自任CEO（Self）	实际控制人的家族成员任CEO（Fceo）	家族外共同创业者任CEO	非家族非创业CEO（Nfceo）	
				内部晋升员工	外聘职业经理
$n=3635$	1479	274	231	591	1060
成长期	1203	210	182	419	783
成熟期	226	53	38	132	195
衰退期	50	11	11	40	82

由于我国家族企业处于衰退期的样本量较少，且处于成熟期和衰退期家族的企业特征较相似，因此将成熟期和衰退期样本合并为非成长期样本。接下来，依据成长期样本数-非成长期样本数进行组间非参数检验，结果见表4.6。

表4.6 变量在企业不同生命周期阶段的差异性检验

变量	按企业发展阶段划分		T统计量
	成长期	非成长期	成长期样本数-非成长期样本数
ln（ICindex）	6.54	6.51	3.953***
Power1	0.399	0.41	0.07
Power2	0.196	0.382	−5.98***
Power3	0.96	0.91	1.314
Lev	0.457	0.397	4.775***
Size	2.159	2.127	5.348***
Roa	0.051	0.057	−0.995
At	0.26	0.10	7.383***
Inventory	0.171	0.169	0.182
C_share	0.314	0.298	1.812*

注：***、**和*分别表示在1%、5%和10%的水平上显著。

结果显示，随着企业不断发展，样本公司内部控制质量呈现下降趋势，且在成长期与非成长期之间差异显著。在企业不同生命周期阶段，专家权力呈现上升趋势，且在不同期间差异显著。结果表明，对家族企业而言，内部控制质量在企业不同生命周期阶段存在差异，这为进一步实证检验奠定了基础。

二、企业生命周期与内部控制质量间关系检验

表 4.7 中第（1）列至第（4）列分别列示了企业生命周期阶段与内部控制质量之间关系的回归结果。其中，第（1）列与第（2）列显示，在控制与不控制权力变量的情况下，企业成长期回归系数显著为正。第（3）列和第（4）列在控制与不控制权力变量时，企业非成期回归系数显著为负。因此，本书初步认为，家族企业内部控制质量呈现下降变化趋势，对处于成长期的家族企业而言，其内部控制质量显著较高，对处于非成长期的家族企业而言，其内部控制质量显著较低，从而验证了 H3a 和 H3b。

表 4.7　企业生命周期对内部控制质量影响的回归结果

变量	（1）	（2）	（3）	（4）
Growth	0.012** （2.02）	0.012* （1.955）		
Non-growth			−0.012** （−2.02）	−0.012* （−1.955）
Power1		0.011* （1.925）		0.011* （1.925）
Power2		−0.003 （−0.355）		−0.003 （−0.355）
Power3		−0.02*** （−3.734）		−0.02*** （−3.734）
Lev	−0.057*** （−2.881）	−0.048** （−2.447）	−0.057*** （−2.881）	−0.048** （−2.447）
Size	0.05*** （13.997）	0.049*** （13.85）	0.05*** （13.997）	0.049*** （13.847）
Roa	0.826*** （19.06）	0.819*** （18.924）	0.826*** （19.06）	0.819*** （18.924）
At	0.007** （2.044）	0.007* （1.947）	0.007** （2.044）	0.007* （1.947）

表4.7(续)

变量	(1)	(2)	(3)	(4)
Inventory	0.052 ** (2.098)	0.068 *** (2.692)	0.052 ** (2.098)	0.068 *** (2.692)
Big4	0.039 *** (2.792)	0.035 ** (2.498)	0.039 *** (2.792)	0.035 ** (2.498)
C_share	0.064 *** (3.002)	0.058 *** (2.756)	0.064 *** (3.002)	0.058 *** (2.756)
Constant	5.317 *** (71.82)	5.34 *** (70.7)	5.329 *** (70.44)	5.351 *** (69.363)
Year/Industry	控制	控制	控制	控制
调整 R^2	0.48	0.486	0.48	0.486
F	57.68	50.833	57.68	50.833
N	1107	1107	1107	1107

注:***、**和*分别表示在1%、5%和10%的水平上显著,括号中数字为双尾检验 t 值。

三、企业不同生命周期阶段管理层权力与内部控制质量间关系检验

(一)管理层权力与内部控制质量间关系的检验

从表4.8的结果来看,对处于成长期的家族企业而言,总经理结构权力(Power1)和专家权力(Power2)与内部控制质量显著正相关,总经理所有权权力与内部控制质量显著负相关,验证了 H4a、H4b 和 H4c。对处于非成长期的家族企业而言,总经理专家权力(Power2)与内部控制质量显著负相关,总经理所有权权力(Power3)与内部控制质量显著负相关,验证了 H5a 和 H5b。实证结果表明,在家族企业的发展过程中,总经理所有权权力增加会缓解创业者与经理人之间的代理冲突,但是会加剧大股东与小股东之间的利益冲突。内部控制是外部投资者利益保护的重要防线,高管为了掩盖其获取私利的行为以及避免外部监督和干预,可能更偏好较低的内部控制质量。结果进一步说明,对处于成长期的家族企业而言,充分授予管理层结构权力和专家权力,更有利于充分发挥"权力保障"作用;对处于非成长期的家族企业而言,较高的专家权力可能会带来更高的

代理成本，权力反而使内部控制机制沦为代理问题的一部分。H5c 未得到验证的可能原因在于，处于非成长期的家族企业，其家族经理人、职业经理人及非核心家族成员等的进入导致管理层构成更复杂，代理冲突更复杂。

表 4.8　企业不同生命周期阶段 CEO 权力对内部控制质量的回归结果

变量	全样本	成长期	非成长期
Power1	0.008*** (2.562)	0.007** (2.079)	0.006 (1.002)
Power2	0.005 (1.233)	0.01** (2.534)	−0.019** (−2.323)
Power3	−0.01*** (−3.663)	−0.008*** (−2.679)	−0.016*** (−2.659)
C_share	0.0001 (0.618)	0.0001 (1.286)	0.0005 (0.402)
Lev	−0.023** (−2.244)	−0.012 (−1.034)	−0.053** (−2.523)
Size	0.036*** (17.544)	0.035*** (14.478)	0.04*** (9.412)
Roa	0.843*** (30.629)	0.948*** (26.874)	0.644*** (13.643)
Age	−0.001*** (−3.05)	−0.00014 (−0.256)	−0.003*** (−3.942)
Inventory	0.047*** (3.291)	0.039** (2.343)	0.076*** (2.782)
At	−0.00026 (−0.263)	−0.004 (−0.854)	0.007 (1.291)
Constant	5.648*** (130.237)	5.676*** (109.926)	5.638*** (64.274)
Year/Industry	控制	控制	控制
调整 R^2	0.364	0.362	0.402
F 值	99.811	76.462	27.799
N	3635	2797	838

注：***、**和*分别表示在1%、5%和10%的水平上显著，括号中数字为双尾检验 t 值。

从控制变量情况来看，Size、Roa 和 Inventory 与企业内部控制质量显著正相关，说明公司规模越大、业绩越好以及存货比重越高的公司，越需要内部控制来发挥治理作用，因此企业的内部控制质量可能越高。

（二）CEO 不同类型对不同生命周期阶段管理层权力与内部控制质量间关系的影响

1. 实际控制人自任 CEO 对管理层权力与内部控制质量关系的影响

首先验证实际控制人自任 CEO 的影响，结果见表 4.9。A 组显示，实际控制人自任 CEO 样本中，总经理结构权力、专家权力和所有权权力均显著高于其他 CEO 类型，但内部控制质量却显著低于其他 CEO 类型。B 组回归结果表明，全样本中 Self 系数显著为负，说明实际控制人自任 CEO 对内部控制质量具有直接的负向作用，不利于企业内部控制质量提升。可能的原因如下：第一，实际控制人自任 CEO 会加剧家族所有者与小股东之间的利益冲突，家族所有者为了阻止其他契约各方的干预和监督，可能偏好较低质量的内部控制；第二，由于家族企业的特殊性，实际控制人可能更愿意采用非正式治理方式，比如血缘、信任或情感等弹性机制来解决企业代理问题，而对内部控制这种正式治理方式的需求并不强烈，因此会投入较少资源开展内部控制建设。同时，Self 与 Power2 的交乘项系数显著为正，说明 Self 对专家权力与内部控制质量的关系具有正向调节作用，但这种调节作用不具有周期性特征。控制变量结果显示，规模越大和业绩越好的企业，越有动力加强企业内部控制质量建设。

表 4.9　实际控制人自任 CEO 对管理层权力与内部控制质量关系的影响

A 组：T 检验			
变量	实际控制人自任 CEO（Self）	非实际控制人自任 CEO（Other）	t 分布
N	1479	2160	
ln（ICindex）	6.51	6.53	−3.17[***]
Power1	0.73	0.37	21.43[***]
Power2	0.56	0.41	16.41[***]
Power3	1.43	0.95	24.42[***]

表4.9(续)

变量	（1）全样本	（2）成长期	（3）非成长期
B 组：回归分析			
Self	−0.012* (−1.827)	−0.011 (−1.418)	−0.011 (−0.772)
Power1	0.006 (1.521)	0.005 (1.257)	0.002 (0.216)
Power2	0.0001 (0.062)	0.006 (1.236)	−0.022** (−2.414)
Power3	−0.012*** (−2.972)	−0.008* (−1.835)	−0.021** (−2.548)
Self×Power1	0.001 (0.225)	0.001 (0.096)	0.006 (0.464)
Self×Power2	0.01* (1.656)	0.01 (1.505)	0.002 (0.147)
Self×Power3	0.005 (0.805)	0.005 (0.809)	0.004 (0.295)
Lev	−0.02** (−1.991)	−0.011 (−0.945)	−0.05** (−2.363)
Size	0.035*** (16.61)	0.033*** (13.288)	0.037*** (8.63)
Roa	0.832*** (29.88)	0.947*** (26.88)	0.632*** (13.157)
At	−0.001 (−0.944)	−0.001 (−0.83)	0.007 (1.291)
C_share	0.0001 (1.19)	0.0002 (1.268)	0.001 (0.301)
Inventory	0.044*** (3.082)	0.037** (2.234)	0.07** (2.536)
Age	−0.001** (−2.433)	−0.0001 (−0.091)	−0.003*** (−3.432)

表4.9(续)

变量	(1) 全样本	(2) 成长期	(3) 非成长期
Constant	5.657*** (130.08)	5.678*** (110.278)	5.674*** (63.91)
Year	控制	控制	控制
Industry	控制	控制	控制
N	3635	2797	838
F	84.33	64.44	23.46
调整 R^2	0.364	0.362	0.402

注:***、**和*分别表示在1%、5%和10%的水平上显著,括号中数字为双尾检验 t 值。

2. 家族 CEO 亲缘关系远近对管理层权力与内部控制质量关系的影响

为厘清家族 CEO 亲缘关系远近对管理层权力与内部控制质量关系的影响,按照亲缘关系由近及远排序,Fceotype 依次取值 4、3、2、1。表4.10 结果表明,全样本中,亲缘关系与内部控制质量显著负相关,亲缘关系越强的家族成员任CEO,企业内部控制质量可能越低。可能的原因与实际控制人自任 CEO 类似,亲缘关系越近的家族成员担任 CEO 会加剧家族所有者与分散小股东之间的代理冲突,为了阻止缔结合约其他各方的监督和干预,企业建立内部控制制度可能只是为了迎合监管所需,甚至使内部控制沦为代理问题的一部分。当亲缘关系较强的家族成员担任 CEO 时,他们可能更偏好血缘、信任或情感等非正式治理方式,因此,可能会投入较少资源到内部控制这种正式治理方式上。Fceotype 与 Power3 的交乘项系数显著为正,说明 Fceotype 对总经理所有权权力与内部控制质量的关系具有正向调节作用,较强的亲缘关系会增强所有权权力对内部控制质量的抑制作用。这也说明,较强的亲缘关系会加剧家族所有者对外部小股东利益的剥夺。

表4.10 家族 CEO 亲缘远近与内部控制质量

变量	(1) 全样本	(2) 成长期	(3) 非成长期
Fceotype	-0.022* (-1.735)	-0.014 (-1.005)	-0.064 (-1.387)

表4.10(续)

变量	（1）	（2）	（3）
	全样本	成长期	非成长期
Power1	0.03 （0.98）	0.044 （1.199）	−0.008 （−0.089）
Power2	−0.011 （−0.311）	−0.005 （−0.109）	−0.158 （−0.871）
Power3	−0.062* （−1.68）	−0.054 （−1.341）	−0.128 （−0.859）
Fceotype×Power1	−0.01 （−1.129）	−0.017 （−1.554）	0.001 （0.048）
Fceotype×Power2	0.006 （0.571）	0.005 （0.363）	0.053 （1.26）
Fceotype×Power3	0.022** （2.09）	0.017 （1.493）	0.056 （1.403）
Lev	0.018 （0.49）	0.033 （0.722）	0.079 （0.903）
Size	0.034*** （3.963）	0.034*** （3.387）	0.016 （0.751）
Roa	1.124*** （9.422）	1.107*** （7.645）	1.372*** （4.189）
At	0.006 （0.239）	0.016 （0.557）	−0.104 （−1.088）
C_share	0.001* （1.653）	0.001** （2.258）	0.001 （0.452）
Inventory	−0.017 （−0.39）	−0.033 （−0.682）	−0.039 （−0.291）
Big4	−0.027 （−0.867）	−0.01 （−0.273）	−0.099 （−1.29）
Age	−0.001 （−0.69）	−0.001 （−0.62）	−0.002 （−0.615）
Constant	5.719*** （30.073）	5.656*** （25.601）	6.251*** （10.858）

表4.10(续)

变量	(1)	(2)	(3)
	全样本	成长期	非成长期
Year	控制	控制	控制
Industry	控制	控制	控制
N	274	210	64
F	7.565	6.169	2.137
调整 R^2	0.375	0.382	0.311

注：***、**和*分别表示在1%、5%和10%的水平上显著，括号中数字为双尾检验 t 值。

四、稳健性检验

（1）为了使结论更稳健，内部控制指数高于行业均值时取值为1，否则为0。采用主成分分析法将管理层权力指标合成综合均值，回归结果见表4.11。对处于成长期的家族企业而言，管理层权力与内部控制质量显著正相关；对处于非成长期的家族企业而言，管理层权力与内部控制质量显著负相关，这与主测试的结论基本一致。

表4.11 企业不同生命周期阶段管理层权力对内部控制质量的回归结果

变量	全样本	成长期	非成长期
Power_ew	0.012 (1.269)	0.019* (1.914)	−0.447*** (−13.782)
C_share	0.00028 (1.585)	0.00039** (2.064)	−0.002* (−1.719)
Lev	0.037** (2.283)	0.041** (2.34)	0.478*** (4.501)
Size	−0.001 (−0.432)	−0.005 (−1.501)	−0.073*** (−3.538)
Roa	0.32 (0.755)	0.019 (0.424)	1.419*** (4.312)
Age	−0.00097 (−1.374)	−0.0005 (−1.018)	−0.001 (−0.328)

表4.11(续)

变量	全样本	成长期	非成长期
Inventory	−0.064*** (−2.782)	−0.067*** (−2.7)	−0.061 (−0.446)
At	−0.011*** (−8.825)	0.009* (1.719)	−0.009* (−1.663)
Constant	5.61*** (132.195)	1.002*** (13.54)	2.247*** (5.374)
Year/Industry	控制	控制	控制
调整 R^2	0.147	0.113	0.273
F 值	16.52	10.105	17.551
N	3635	2797	838

注：***、**和*分别表示在1%、5%和10%的水平上显著，括号中数字为双尾检验 t 值。

（2）管理层权力与内部控制质量之间可能存在内生性问题，比如较低质量的内部控制会进一步增加 CEO 权力，为控制这一内生性问题，将自变量的滞后项作工具变量，通过二阶段回归对表4.8的结果重新检验，实证结果见表4.12。结果表明权力确实对内部控制质量具有直接作用。

表4.12　企业不同生命周期阶段 CEO 权力对内部控制质量的回归结果

变量	全样本	成长期	非成长期
Power1	0.0098* (1.94)	0.011* (1.86)	−0.0083 (−0.85)
Power2	−0.027 (−1.61)	−0.0039 (−0.18)	−0.059** (−2.21)
Power3	−0.00297 (−0.61)	−0.005 (−0.9)	0.0036 (0.36)
C_share	0.0144 (1.13)	0.0096 (0.65)	0.0153 (0.62)
Lev	0.0112* (0.9)	0.022 (1.51)	−0.026 (−1.08)
Size	0.03*** (12.21)	0.0259*** (8.28)	0.036*** (7.46)

表4.12(续)

变量	全样本	成长期	非成长期
Roa	1.013 *** (28.27)	1.1 *** (25.16)	0.856 *** (13.12)
Age	-0.00154 *** (-2.87)	-0.00023 (-0.31)	-0.003 ** (-2.16)
Inventory	0.036 ** (2.15)	0.022 (1.1)	0.0646 ** (2.16)
At	0.00037 (0.45)	0.000091 (0.09)	0.0008 (0.6)
Big4	0.047 *** (3.69)	0.063 *** (4.15)	0.0153 (0.68)
Constant	5.79 *** (107.12)	5.85 *** (83.79)	5.75 *** (59.85)
Year/Industry	控制	控制	控制
调整 R^2	0.4	0.43	0.39
N	2345	1649	696

注：*** 、** 和 * 分别表示在1%、5%和10%的水平上显著，括号中数字为双尾检验的 t 值。

第五节　研究结论及政策建议

本章从家族企业发展动态角度，研究其内部控制质量差异，并进一步研究总经理结构权力、所有权权力和专家权力与内部控制质量的关系及不同 CEO 类型对其的影响。研究结论可以归纳为以下几点：

第一，对家族企业而言，内部控制质量在企业不同生命周期阶段存在差异。处于成长期的家族企业内部控制质量显著较高，处于非成长期的家族企业内部控制质量显著较低。

第二，对处于成长期的家族企业而言，总经理结构权力和专家权力与内部控制质量显著正相关。对处于非成长期的家族企业而言，总经理专家权力与内部控制质量显著负相关。总经理所有权权力与内部控制质量显著负相关，不存在周期性特征。

第三，在实际控制人自任 CEO 的样本中，总经理结构权力、专家权力和所有权权力均显著高于其他类型 CEO 样本，但其内部控制质量却显著低于其他类型 CEO。实际控制人自任 CEO，一方面对企业内部控制质量具有直接负向作用，另一方面对专家权力与内部控制质量的关系具有正向调节作用。在实际控制人家族成员任 CEO 的样本中，亲缘关系越强的家族成员任 CEO，其内部控制质量越低，且亲缘强弱会增强所有权权力对内部控制的抑制作用。

研究结果表明，家族企业内部控制质量随企业生命周期发生动态变化。家族企业中，管理层权力不同维度指标在企业生命周期不同阶段存在差异。由于 CEO 不同类型会导致权力存在异质性，实际控制人或其家族成员任 CEO，会缓解家族所有者与经理人之间的代理冲突，但也会加剧家族所有者与外部分散小股东之间的利益冲突，内部控制作为外部投资者利益保护的正式制度安排，往往会沦为代理问题的一部分。同时，对家族所有者而言，血缘、信任或情感等非正式治理方式可能一定程度上会替代内部控制治理，因此内部控制可能只是为了迎合监管需要，而投入较少资源进行内部控制建设。结果表明，对家族企业内部控制质量进行建设时，须依企业生命周期阶段进行识别，并有针对性地动态调整管理层权力来源，以此加强企业内部控制质量建设。

本章的局限性可能在于，在企业生命周期划分上，若能够更加细化可能会得出更具体的结论。比如成熟期早期和晚期可能会存在差异，进一步细化可能会使研究结论更显著和清晰。此外，对于企业生命周期指标的构建，进一步突破只限于财务指标的缺陷，构建更加客观合理的划分标准也有待于在后续研究中进一步改进。

第五章 管理层权力、内部控制质量
与管理层防御之高管腐败[①]

第一节 引言

自 1978 年实行改革开放以来，中国社会的权力结构和利益分配结构经历了很大的变迁，政府启动的放权让利改革将经营决策权逐渐向下转移，企业管理层权力进一步增强。随着权力结构的变化及我国长期形成的"一把手"权力文化，权力滥用和制衡缺失问题较为突出，致使企业高管腐败现象时有发生，如中石化陈同海相关事件、中石油蒋洁敏相关事件及新华人寿 47 名高管购买"天价保险"等事件都是"涉案一把手""贪腐集体化"的突出表现。高管腐败的本质是拥有控制权的高管为了个人私利违背规章制度，利用权力寻租，它与企业内部控制失效或高管权力配置失衡紧密相关。内部控制通过控制措施牵制管理层权力，避免违法违规等腐败行为发生。从内部控制目标来看，内部控制通过确保财务报告的真实性限制管理层或大股东披露虚假信息、操纵会计信息及关联交易等的方式遏制腐败行为。《中共中央关于全面深化改革若干重大问题的决定》明确提出："构建决策科学、执行坚决、监督有力的权力运行体系，健全惩治和预防腐败体系，建设廉洁政治，努力实现干部清正、政府清廉、政治清明。"基于此，本章以转型时期的证券市场为背景，研究管理层权力、内部控制质量及高管腐败的关系无疑具有重大的理论和实践意义。

本章可能的贡献在于：

（1）揭示管理层权力与高管腐败之间的关系，为优化企业内部权力结构及提升公司治理有效性提供了经验证据。

（2）构建管理层权力、内部控制质量与高管腐败的关系模型，研究高管腐败

---

① 本章论文已刊登于《中南财经政法大学学报》2015 年第 5 期。

的诱发因素及治理对策，丰富了内部控制经济后果的文献并为合理制定内部控制专项制度提供了新的思路。

第二节　文献综述与研究假设

企业组织的高管腐败是近年学术界关注的重要研究议题之一。透明国际组织2008 年认为，高管腐败是高管滥用控制权谋取控制权私利的行为，具体表现形式包括接受回扣、资产挪用和资产转移等。高管腐败按照高管是否违背法律分为合规型和违背型两类；按照是否存在利益交换分为交易型和非交易型两类。徐细雄等[37]根据腐败表现形式将其划分为隐性腐败和显性腐败，其中显性腐败指高管采取违反法律或监管条例的行为，包括贪污、受贿、职务侵占、关联交易等；隐性腐败通过奢靡在职消费、超额薪酬、商业帝国构建等合法途径实现。尽管学者们从不同视角对高管腐败进行了界定，但学界普遍认为管理层为获取控制权私利是寻租的动机。由此可见，高管腐败与企业内部权力配置结构之间存在密切关系。Rajan 等[99]认为，高管权力越大，其奢靡在职消费现象越严重。Oler 等[100]的研究表明，CEO 权力强度与其构建商业帝国行为正相关。Adams 等[24]及权小锋等[27]研究发现，管理层权力与谋取超额薪酬获取控制权私利行为正相关。陈信元等[101]研究发现，高管可能采取关联交易、构建私人帝国、奢靡在职消费及贪污受贿等方式谋取私利。徐细雄等[37]研究认为，CEO 权力越大，越可能诱发腐败行为，且政府薪酬管制提高了腐败行为的发生概率。

管理层权力是在公司内部治理出现缺陷和外部约束缺乏的情况下，管理层对公司决策权、监督权和执行权的影响能力。权力在不同的情景下，对组织效率有提升和危害两方面的影响。首先，管理层内部权威在一定条件下有利于提升企业效率，但在我国转型经济过程中，企业经理人市场、劳动力市场和公司控制权市场不健全及资本市场效率缺乏，使管理层更容易产生私利行为。由于信息不对称及契约的不完备性，管理层作为代理人及企业内部人获取控制权后更容易引发管理层防御行为，管理层可能通过各种渠道弱化董事会的监督，从而导致权力寻租空间增大。其次，对于转型时期的国有企业而言，一方面由于所有者缺位，官员作为权力的拥有者和国家代理人通过繁长的委托代理链条实现治理，权力的公共性和责任性可能被私人性与权力性取代，容易导致委托代理关系失灵从而滋生腐败；另一方面，由于我国国企高管的选拔和任命由行政任命而非下级选举产生，这种自上而下的权力分层结构极易导致组织内部形成"权威服从"机制，下级无法形成对上级的有效监督和制衡，这为高管腐败行为提供了极大的可能性。最后，管理层作为要素生产者参与分配，拥有较大的剩余控制权但缺乏对应的剩余索取权，此时管理层更可能采用机会主义行为滥用控制权，滋生腐败行为。基于此，本章提出假设：

H6：管理层权力越大，越有可能诱发高管腐败行为。

我国《企业内部控制基本规范》规定，董事会对内部控制制度的建立和健全负责，并下设审计委员会负责对内部控制的有效实施和自我评价进行监督。首先，管理层在经营过程中拥有的部分决策权和经营权，会受到企业董事会及下设审计委员会和外部审计师监督，若企业内部控制质量较高，则有利于管理层更好地履行职责，减少其权力滥用的机会，更好地抑制高管腐败行为。其次，从降低代理成本的角度来看，控制环境、风险评估、控制活动、信息与沟通及监控能够抑制管理层权力滥用。控制环境通过治理结构及组织机构设置安排、权责合理分配、企业文化和人力资源政策、内部审计机构及反舞弊机制设置等抑制管理层权力滥用。良好的控制环境有利于企业建立诚信的价值观，进而对管理层形成软约束，从动机上抑制其私利行为。同时，良好的控制环境有利于规范公司治理结构和议事规则，并在明确决策、执行及监督等职责权限方面形成有效的职责分工和制衡，可以防止管理层权力在分工模式上重叠、交叉或留有空白，从而抑制高管腐败行为发生。例如，当董事长兼任总经理时，董事长很难有效发挥董事会监督职能的作用。处于权力核心的总经理（兼任董事长）同时拥有审批、执行及监督权力时，一方面将使公司股东大会、董事会、监事会的监督和制约失效；另一方面，容易形成高度集权的"一把手"企业文化，下级无法监督上级，容易产生权威服从现象。此时，管理层很容易绕过内部控制制度，削弱董事会和监事会的监督，谋取个人私利，从而引发高管腐败行为。从控制活动的角度来看，不相容职务分离和授权审批等方式有利于形成对管理层权力的制衡。授权审批措施包括明确岗位权限范围及规定审批程序的相应责任等。例如，当高管试图采用关联交易转移利润及奢靡在职消费时，这些措施有利于对其进行监督，降低腐败发生的概率。从信息与沟通的角度来看，良好的内部控制能提高信息沟通过程中的效率和质量，降低由于信息不对称而产生的道德风险，降低腐败发生的概率。从监控角度分析，内部控制通过事前防范、事中监督和事后监督的方式来防范管理层通过不合理关联交易、越权或其他不法方式侵占、挪用企业资产等行为，抑制高管腐败。综上所述，内部控制在管理层权力和高管腐败关系中起调节作用，内部控制通过权力的相互制衡和牵制，加强了对高管权力的监督力度，降低了高管腐败的发生概率。由此提出假设：

H7：高质量的内部控制能够抑制管理层权力对高管腐败的诱发作用。

第三节　研究方法与研究模型

一、数据来源

笔者采用手工方式搜集和整理 2009—2012 年中国上市公司高管腐败的有关信息。数据采集的具体过程如下：

（1）浏览中国证券报及中国证监会网站，输入"高管腐败""上市公司腐败""高管贪污""高管受贿""高管犯罪""高管被双规""高管被立案调查""高管职务侵占""高管巨额资产来源不明""高管挪用资产"等关键词，获取上市公司高管腐败的有关媒体报道信息。

（2）根据媒体报道信息查阅被曝光上市公司年报，若公司年报披露了高管腐败的相关信息则将该公司确定为本章的腐败样本。

（3）为避免研究结果过度乐观，根据公司所属行业和时间相同原则，以及腐败样本与配对样本总资产差额绝对值不超过腐败样本总资产 40% 的原则，按照 1∶3 的比例查找配对样本。

（4）为避免配对样本中存在潜在高管腐败公司，剔除高管曾受证监会处罚及应计项目处于同行业标准差之外的配对样本。剔除数据缺失的样本后，确认 62 家上市公司作为腐败样本，配对之后共形成 248 家有完整观测信息的样本。

二、变量测度

（一）管理层权力变量

参考 Finkelstein[5] 对高管权力的分类，借鉴徐细雄和刘星[37] 的测量方法，本书将权力指标分为：结构权力（Power1），选用总经理是否兼任董事长或副董事长（X_1）以及总经理是否为内部董事（X_2）来度量；专家权力（Power2），选用总经理是否长期在任（X_3）以及是否从企业内部晋升（X_4）来衡量；所有权权力（Power3），选用总经理是否是控股股东委派（X_5）以及企业股权结构是否分散（X_6）来衡量；声誉权力（Power4），选用总经理是否具有高学历（X_7）以及总经理是否在其他单位兼职（X_8）来衡量。以上 8 个指标从不同维度反映管理层权力，但单一指标都具有局限性，因此在此基础上采用主成分分析法，按照累计贡献率大于 85% 的标准，合成管理层权力综合指标（$Power_{pc}$）。在稳健性测试部分，采用 8 个虚拟变量求和取均值形成权力指标（Powerew）。

（二）内部控制质量度量

从反映上市公司内部控制水平和风险管控能力的角度出发，选用"迪博·中国上市公司内部控制指数"对企业内部控制质量进行度量。它采用千分制，分值分布范围为 0~1000，分值越高表明企业内部控制质量越高。

（三）控制变量

借鉴学界常用做法，选取资产负债率、企业规模、第一大股东持股比例、总资产净利率、董事会独立程度、产权性质、是否属于保护性行业为控制变量。各变量定义见表 5.1。

表 5.1　变量定义

变量分类	变量名称	变量代码	变量定义
被解释变量	企业高管腐败	Corruption	虚拟变量，若高管发生腐败行为则取值为 1，否则为 0
解释变量	两职兼任	X_1	若总经理兼任董事长或副董事长取值为 1，否则为 0
	内部董事	X_2	若总经理担任公司内部董事，取值为 1，否则为 0
	任职时间	X_3	若总经理任职年限超过样本均值取值为 1，否则为 0
	是否内部晋升	X_4	若总经理上任前至少在本企业工作 1 年，表明内部晋升，取值为 1，否则为 0

表5.1(续)

变量分类	变量名称	变量代码	变量定义
解释变量	是否控股股东委派	X_5	若总经理是控股股东委派取值为1，否则为0
	股权结构是否分散	X_6	若第一大股东持股比例除以第二至第十大股东持股比例之和小于1，则取值为1，否则为0
	是否高学历	X_7	若总经理学历为研究生及以上，则取值为1，否则为0
	是否在其他单位兼职	X_8	若总经理在其他非股权关联单位任职，则取值为1，否则为0
	内部控制有效性	$\ln(\text{ICindex})$	迪博·中国上市公司内部控制指数取自然对数
控制变量	资产负债率	Lev	期末负债总额/资产总额
	企业规模	Size	期末资产总额取自然对数
	第一大股东持股比例	C_share	第一大股东持有上市公司股份比例
	总资产净利率	Roa	净利润/平均资产总额
	董事会独立程度	Independ	独立董事人数/董事会总人数
	产权性质	State	当控股股东为国有时，取值为1，否则为0
	是否属于保护性行业	Protected	将保护性行业设定为采掘业、化学、石油、煤气、塑料、电力及水生产行业，相关行业取值为1，否则为0
	年度虚拟变量	Year	按照样本设计时间跨度，设置三个年度哑变量
	行业虚拟变量	Industry	按2001年行业分类指引标准，剔除金融行业，共5个行业，设置4个行业哑变量

三、模型设计

为检验H6和H7，构建如下Probit回归模型（5.1）和模型（5.2）：

$$\text{Corruption}_{i,t} = a_0 + a_1\,\text{Power}_{i,t} + a_2\,\text{Size}_{i,t} + a_3\,\text{C\_share}_{i,t} + a_4\,\text{Independ}_{i,t} +$$
$$a_5\,\text{State}_{i,t} + a_6\,\text{Protected}_{i,t} + a_7\,\text{Lev}_{i,t} +$$

$$a_8 \, \mathrm{Roa}_{i,\,t} + \sum_{i=1}^{n} \mathrm{Industry} + \sum_{i=1}^{n} \mathrm{Year} + e_{i,\,t} \tag{5.1}$$

$$\mathrm{Corruption}_{i,\,t} = b_0 + b_1 \, \mathrm{Power}_{i,\,t} + b_2 \ln(\mathrm{ICindex}_{i,\,t}) + b_3 \, \mathrm{Power}_{i,\,t} \times$$

$$\ln(\mathrm{ICindex}_{i,\,t}) + b_4 \, \mathrm{Size}_{i,\,t} + b_5 \mathrm{C\_State}_{i,\,t} + b_6 \, \mathrm{Independ}_{i,\,t} +$$

$$b_7 \, \mathrm{State}_{i,\,t} + b_8 \, \mathrm{Protected}_{i,\,t} + b_9 \, \mathrm{Lev}_{i,\,t} + b_{10} \, \mathrm{Roa}_{i,\,t} + \sum_{i=1}^{n} \mathrm{Industry} +$$

$$\sum_{i=1}^{n} \mathrm{Year} + e_{i,\,t} \tag{5.2}$$

模型（5.1）考察管理层权力对高管腐败的影响，模型（5.2）检验管理层权力、内部控制质量与高管腐败间的关系。根据 H6 和 H7，预期管理层权力变量 Power 的系数显著为正，交乘项 Power×ln（ICindex）的系数显著为负。

第四节　实证检验与结果分析

一、描述性统计

表 5.2 列示了腐败样本与配对样本主要变量的描述性统计结果以及两组样本间的差异性检验结果。从管理层权力变量（$\mathrm{Power_{pc}}$）来看，腐败样本管理层权力变量显著高于配对样本管理层权力变量（t 值 = 2.1，z 值 = 1.977），这说明存在腐败行为的企业管理层权力相对较大。从内部控制质量变量 [ln（ICindex）] 来看，腐败样本显著低于配对样本（t 值 = −3.334，z 值 = −4.154），结果表明，发生腐败行为的企业的内部控制质量相对较低。从董事会独立程度变量（Independ）可知，腐败样本显著低于配对样本（t 值 = −1.974，z 值 = −1.87），可见发生腐败行为的企业的董事会独立性较低。从第一大股东持股比例变量（C_share）来看，腐败样本显著低于配对样本（t 值 = −1.874，z 值 = −1.935），说明存在腐败行为的企业股权集中度相对较高。从产权性质变量（State）来看，腐败样本与配对样本间存在显著差异（t 值 = 1.78，z 值 = 1.96），可见国有企业发生高管腐败行为的概率显著高于非国有企业。另外由表 5.2 可知，对于总资产净利率（Roa）、公司规模（Size）和资产负债率（Lev）三个变量，腐败样本与配对样本间的差异不显著。

表 5.2　描述性统计

变量	均值	标准差	最大值	最小值	差异性检验	
					z 值	t 值
Power$_{pc}$						
腐败样本	0.6475	0.2611	1.57	0.015	1.977**	2.1**
配对样本	0.5825	0.2819	1.1	0.015	(0.048)	(0.04)
ln（ICindex）						
腐败样本	6.36	0.45	6.89	3.69	−4.154***	−3.334***
配对样本	6.56	0.12	6.87	6.24	(0.000)	(0.002)
Independ						
腐败样本	0.3705	0.055	0.57	0.27	−1.87*	−1.974*
配对样本	0.3746	0.065	0.71	0.25	(0.097)	(0.08)
Roa						
腐败样本	0.223	0.97	7.48	−1.03	−0.144	0.991
配对样本	0.095	0.088	0.42	−0.29	(0.886)	(0.326)
Size						
腐败样本	22.41	2.02	30.21	18.65	−0.088	0.212
配对样本	22.07	1.51	26.47	18.7	(0.93)	(0.833)
Lev						
腐败样本	0.596	0.49	3.91	0.1	−0.144	0.838
配对样本	0.443	0.22	0.9	0.01	(0.886)	(0.405)
State						
腐败样本	0.58	0.49	1	0	1.96**	1.78*
配对样本	0.54	0.5	1	0	(0.046)	(0.09)
C_share						
腐败样本	34.97	15.73	86.2	12.78	−1.935*	−1.874*
配对样本	39.42	15.99	79.47	4.49	(0.056)	(0.067)

注：***、**和*分别表示在1%、5%和10%的水平上显著。

二、实证结果及分析

表 5.3 列示了 Probit 回归模型的结果。模型（5.1）中，$Power_{pc}$ 系数为 0.824，通过了 5% 的显著性检验。结果说明，随着管理层权力的增强，管理层获取控制权私利的动机和空间变大，更有可能诱发腐败行为，此时权力体现为对组织效率的危害作用，从而验证了 H6。导致上述结果的原因可能在于，新一轮"政府分权改革"扩大了企业的自主权，管理层权力有所增强，在外部约束机制（劳动力市场、经理人市场及公司控制权市场）不健全和内部监督机制缺失的情况下，管理层往往会利用较大的权力削弱董事会监督，攫取控制权私利，产生腐败行为。模型（5.2）中，$Power×\ln（ICindex）$ 的系数为 -0.435，通过了 1% 的显著性检验，说明内部控制在管理层权力和高管腐败关系中具有调节作用，内部控制通过限制管理层权力滥用，进而对高管腐败行为产生抑制作用，H7 得到了验证。上述结果的原因可能在于：我国上市公司内部控制制度由于受到公司董事会及下属审计委员会和外部审计师的监督，大大减少了管理层滥用权力的机会，从而能够有效降低高管腐败行为发生的可能性。在控制变量中，Independ 的系数显著为正，说明我国独立董事制度和大股东监督机制能对管理层权力形成约束，遏制高管腐败行为。State 的回归系数显著为正，表明国有企业发生高管腐败行为的可能性更大。

表 5.3　Probit 模型回归结果

变量	(1)		(2)	
	系数	z 值	系数	z 值
Constant	8.35	0.93	24.478	0.87
$Power_{pc}$	0.824	2.78**	2.96	3.76***
$\ln（ICindex）$			-8.126	-3.78***
$Power_{pc}×\ln（ICindex）$			-0.435	-2.96***
State	0.46	2.355**	0.529	2.279*
Independ	2.556	2.68**	4.493	4.01***
Roa	8.041	3.67***	8.389	3.89***
Size	0.659	1.21	0.523	1.01
Lev	-1.695	1.44	-1.096	-1.48

表5.3(续)

变量	(1)		(2)	
	系数	z 值	系数	z 值
C_share	−0.039	−2.65**	−0.04	−2.57**
Protected	0.043	0.04	0.036	0.07
Year	控制		控制	
Industry	控制		控制	
伪 R^2	0.104		0.21	
Chi-square	13.93		31.72	

注: ***、** 和 * 分别表示在1%、5%和10%的水平上显著。

三、稳健性检验

为提高结果可靠性，进行如下稳健性检验：将内部控制指数的自然对数分成两组，按年度作为划分标准，若该年度内，内部控制指数的自然对数高于行业均值，则为高内控组，否则为低内控组，将测量管理层权力8个维度的虚拟变量求和取均值 Powerew 纳入模型重新进行回归分析，检验结果并未发生实质性变化。由此可见，本章研究结论具有稳健性。

第五节　研究结论与政策建议

针对我国转型经济过程中频发的上市公司高管腐败现象，本章考察了管理层权力与高管腐败之间的关系，并进一步检验了内部控制在管理层权力与高管腐败关系中的调节效应。研究结果表明：

（1）尽管上市公司股东、董事会和控制权市场可以在一定程度上对管理层权力实施有效治理，但管理层能利用权力对股东、董事会等实施反向治理，增大自身权力，利用权力采取机会主义行为。因此，公司管理层权力越大，越有可能诱发高管腐败行为。

（2）内部控制质量的提高能够抑制管理层权力对高管腐败的诱发作用。因此，内部控制制度能有效发挥对管理层权力的监督和制衡作用，对提升公司治理有效性具有积极影响。

本章的研究为我国上市公司管理层权力、内部控制质量与高管腐败之间的内在机理及关系提供了新的证据，也为我国上市公司内部控制制度改革引发的微观治理效果提供了新的分析视角。

据此本章提出如下政策建议：第一，在建立健全有关法律法规，加大监管及惩处力度的同时，合理设计管理层权力结构，形成均衡的责、权、利体系，发挥权力带来的积极效应，有效抑制高管腐败行为的发生。第二，将内部控制制度深度嵌入公司治理体系之中，并根据产权性质差异逐步完善企业内部控制制度。建议相关部门从管理层权力配置角度出台防范高管腐败的内部控制专项制度，使内部控制成为抑制管理层利益侵占的重要防线。

第六章 管理层权力、内部控制质量与管理层防御之在职消费和过度隐性私有收益

第一节 引言

我国国有上市公司高管在职消费是一个较为普遍的现象。在职消费①中过度隐性私有收益的机会主义行为也比较严重，从中石化"天价酒事件"到中铁建被爆出 8.37 亿元招待费，巨额在职消费令人震惊，甚至出现部分国企高管将巨额招待费转入地下会所等行为，严重影响了企业、股东、债权人和员工利益。在职消费是公司管理层在履行工作职责过程中获得的除工资报酬以外的与职责相关或不相关的额外收益，该收益主要是非直接货币性收益，具体表现为享受豪华办公环境、高档餐饮娱乐消费、乘坐飞机头等舱等。从会计处理来看，在职消费项目包括办公费、差旅费、业务招待费、董事会费、小车费及会议费等，这些项目一般容易成为高管获利的渠道，高管可以轻易从这些项目中报销私人支出从而转嫁为公司费用。在委托代理理论下，由于公司剩余索取权与控制权分离，代理成本产生。由于信息的非对称性，代理人的努力程度无法被观察到，此时管理人员就可能产生道德风险。Jensen 等[1]将代理成本定义为由于委托代理关系而使公司价值遭受的损失，分别由委托人监督成本、代理人担保成本和剩余损失②构成。其中，剩余损失是指由于委托人与代理人利益不一致，委托人做出的决策使代理人福利

---

① 高管薪酬契约中包括现金薪酬和非现金薪酬部分，其中在职消费属于非现金薪酬部分，它属于隐性契约薪酬的一部分。

② 委托人监督成本是委托人激励和监督代理人以使后者为前者利益尽力的成本。代理人担保成本是代理人用于保证不采取损害委托人利益的行为成本及若损害了委托人利益应赔偿的成本。剩余损失指因代理人代行决策而产生的价值损失。其中前两者是制定、实施和治理契约的实际成本，剩余损失是契约最优又不被完全遵循时的机会成本。

遭受的损失，在职消费是一种显性剩余损失。特别是在国有企业"限薪令"① 等一系列限制高管薪酬的文件出台的背景下，在职消费更是对高管货币薪酬激励不足的补充[102]。

《企业内部控制基本规范》中提出的内部控制目标包括合理保证企业合法合规经营、保证企业资产安全完整、保证财务报告的可靠性、助推公司经营活动效率和效果的提高以及保证公司战略的实现和可持续发展。内部控制本质是通过监督和约束方式降低道德风险，从而降低代理成本。一方面，内部控制通过控制措施限制执行者的选择余地，避免执行者滥用权力。另一方面，从内部控制目标来看，确保财务报告真实可靠有利于限制管理层披露虚假信息、操纵会计信息和谋取内幕交易私利等行为。作为内部控制制度执行主体的管理层所拥有的权力结构会在一定程度上影响内部控制制度的实施效果。基于此，本章研究我国国有上市公司中管理层权力、内部控制质量与在职消费及过度隐性私有收益的关系。

本章的贡献在于：

（1）从内部控制质量角度分析其对我国国有上市公司在职消费和过度隐性私有收益的作用，丰富了在职消费的研究文献并为我国国有上市公司薪酬激励提供了新的思路。

（2）从内部控制经济后果角度出发，构建了管理层权力、内部控制质量与在职消费和过度隐性私有收益关系模型，探寻高管私利行为的诱发因素，丰富了内部控制制度经济后果的文献。

第二节　文献综述与研究假设

一、内部控制质量与在职消费和过度隐性私有收益间关系的文献综述与研究假设

有关在职消费，理论界持两种不同观点。在职消费的"代理观"认为，当高

---

① 我国人力资源和社会保障部等六部门于 2009 年联合出台《关于进一步规范中央企业负责人薪酬管理的指导意见》，规定高管年薪应限制在 60 万左右，国有银行董事长、行长、监事长以及其他副职负责人的薪酬均按此标准执行。

管持有较少股份且公司股权较分散时，风险厌恶型高管会选择通过增加非货币性福利实现自身效用最大化来获取控制权私有收益，其中在职消费就是一种重要方式。"代理观"认为，在职消费实质上是高管侵占公司资源和对股东资产和权益隐性剥夺的一种手段[1]。国内学者如陈冬华等[102]、卢锐等[83]以及罗宏等[103]研究发现国有企业高管在职消费与企业绩效负相关，支持了在职消费的"代理观"。"效率观"研究发现，在职消费能够为管理层提供便利，提高管理层的管理效率，从而对企业绩效产生积极影响。与货币薪酬不同，在职消费带来的激励作用要显著大于同等价值的货币薪酬[99]。国内学者陈冬华等[102]、罗宏等[103]研究发现，高管有动机通过在职消费这种隐性激励进行自我激励来弥补货币薪酬激励的不足，从而调动高管的积极性。以上基于在职消费的"代理观"和"效率观"的研究都是建立在高管作为职业经理人的背景下展开的。

美国于 2002 年颁布《萨班斯-奥克斯利法案》，目的在于增强财务报告审计的规范程度，并解决董事会、会计师事务所等实践活动中出现的问题，它对美国乃至全球商业活动产生了巨大影响。该法案将更多注意力放在了内部会计控制重要性上。内部控制是解决信息不对称及资源有效配置问题的重要制度安排。从已有文献来看，研究主要集中于内部控制信息披露或内部控制信息透明度对股东之间以及股东与管理层之间两类代理成本的影响，且并未得出一致结论。此外，这些研究集中于内部控制质量及外部治理机制对两类代理成本的影响。

现代公司所有权与经营权分离伴随潜在利益冲突，由于管理层与股东之间信息不对称将产生道德风险，内部控制作为一种控制权安排和再谈判机制，能起到降低代理成本的作用。我国《企业内部控制基本规范》规定董事会对内部控制制度的建立和健全负责，并下设审计委员会对内部控制的有效实施和自我评价进行监督，监事会对董事会建立和实施内部控制进行监督。从中可知，管理层在企业实际经营过程中拥有的部分决策权和经营权会受到企业董事会和审计委员会及外部审计师的监督，此时若企业内部控制质量较高，更有利于发挥对管理层权力的监督作用，减少其机会主义行为，从而有效减少管理层通过非货币性福利实现自身效用最大化来获取控制权收益的私利行为。首先，在职消费作为高管侵占公司资源的隐性剥夺手段，在较高质量的内部控制制度下可能得到抑制。其次，高质量内部控制是确保企业财务报告可靠性的重要防线，内部控制可以限制管理层披露虚假信息及通过操纵会计信息的方式来谋取私利，从而减少高管的在职消费和过度隐性私有收益。最后，从内部控制构成要素来看，控制环境是内部控制制度的基础，它通过人力资源政策、权责合理分配、内审机构及反舞弊机制设置等要素来抑制管理层机会主义行为。从信息与沟通构成要素来看，高质量的内部控制能提高信息沟通过程的效率和质量，降低由于信息不对称而产生的道德风险，从而抑制高管的在职消费行为。由上述分析，本章提出假设：

H8：对我国国有上市公司而言，高质量的内部控制能显著抑制管理层在职消费和过度隐性私有收益。

二、管理层权力、内部控制质量与在职消费和过度隐性私有收益间关系的文献综述与研究假设

企业通过正式产权安排作为分配依据，将其产生的货币收益分配于不同产权主体，其中股东或掌握公司控制权的管理层享有公司控制权收益，其中控制权收益包括在职消费。从代理成本角度来看，当公司股权较分散时，股东权力较小，股东对管理层缺乏有效监督和约束，此时高管会利用其拥有的信息优势，通过偷懒、在职消费及控制权私有收益等机会主义行为损害股东利益，从而产生管理层与股东之间的第一类代理成本。当公司股权较集中时，大股东往往会利用其控制地位，通过关联交易及资产并购等方式将公司资源和利润转移至大股东及关联公司中，从而侵害小股东利益，这构成大小股东之间的第二类代理冲突。在我国国有上市公司中，高管和股东作为独立利益主体，股东并不一定会为了提高管理层在职消费而进行利益侵占，因此管理层在职消费和过度隐性私有收益更多体现为第一类代理冲突。

内部控制质量与管理层在职消费和过度隐性私有收益①的关系会受到管理层权力的影响。本章采用总经理在董事会任职情况衡量结构权力，对我国国有上市公司而言，总经理兼任董事长会削弱董事会的监督职能，从而加深总经理与董事会之间的信息不对称程度[23]。董事会是我国国有企业内部控制制度的责任主体，总经理兼任董事长容易削弱董事会及审计委员会监督职能，从而削弱内部控制制度对管理层私利行为的抑制作用。

由于我国国有上市公司对管理层货币薪酬采取刚性限制措施，因此公司会增加管理层在职消费的额度，从而变相替代被限制的货币薪酬。同时高管往往会有

---

① 过度隐性私有收益为过度或不合理的在职消费部分。

较强的隐藏其寻租行为的动机，以此实现使公司以外人员识别寻租行为引发的"愤怒成本"降到最低甚至降为零的目的。卢锐等[83]研究发现，管理层拥有较大的权力会增加其对企业的控制权，从而使其在职消费行为不易被股东和董事会发现，随着在职消费数额增多，在"所有者缺位"的国有企业中权力提升在职消费的行为会更显著。一般而言，管理层权力越大，其可能受到的监督越弱，越可能享受更多的在职消费，并削弱内部控制制度对在职消费的抑制作用。

我国国有上市公司股权较集中，主要是股东控制公司，在国有企业货币薪酬受到管制和在职消费预算限制的前提下，当高管激励效应一定时，增加某种形式补贴或奖励意味放弃某种形式的在职消费，因此管理层会倾向于通过在职消费来弥补货币薪酬的不足。当管理层权力越大时，其操纵在职消费和过度隐性私有收益的动机和能力就越强，甚至出现凌驾于内部控制机制之上的行为，从而阻碍内部控制的目标实现。总经理兼任董事长实质上体现了决策权和控制权合一，无法实现权力有效牵制，违背了内部控制中不相容职务分离原则，增加了极端决策的可能性。由上述分析，本章提出假设：

H9：对我国国有上市公司而言，总经理结构权力会削弱内部控制制度对管理层在职消费和过度隐性私有收益的抑制作用。

第三节　研究方法与研究模型

一、样本选择及数据来源

本章研究样本来源于 A 股国有上市公司（不含金融行业），其中剔除 ST 的公司，同时删除未在年报附注中披露管理费用中的办公费、差旅费、业务招待费、通信费、出国培训费、董事会费、小车费和会议费的信息样本。为消除极端值影响，本研究对主要连续变量处于 0～1% 和 99%～100% 之间的样本进行缩尾处理，最后确定样本数量为：2009 年 282 家，2010 年 194 家，2011 年 193 家，2012 年 136 家，共 805 个年度观测值。高管在职消费数据通过查阅年报手工摘取搜集。本章其他数据来自 CSMAR 数据库。

二、变量说明

1. 高管在职消费（Rperk）

由于高管在职消费具有隐蔽性特点，本章通过查阅年报附注管理费用中明细项目手工获取相关数据，具体包含办公费、差旅费、招待费、通信费、培训费、董事会费、小车费及会议费。该指标采用上述八类费用加总后除以当年营业收入来度量。

2. 高管过度隐性私有收益（Eperk）

该指标参考权小锋等[15]的做法，采用高管在职消费与由经济因素决定的高管预期正常在职消费间的差额表示。预期高管在职消费采用模型（6.1）来估计：

$$\frac{\text{Rperk}_{i,t}}{\text{Asset}_{i,t-i}} = a_0 + \frac{a_1}{\text{Asset}_{i,t-i}} + \frac{a_2 \, \Delta\text{REV}_{i,t}}{\text{Asset}_{i,t-1}} + \frac{a_3 \, \text{PPE}_{i,t}}{\text{Asset}_{i,t-1}} + \frac{a_4 \, \text{Inventory}_{i,t}}{\text{Asset}_{i,t-1}} +$$

$$a_5 \, \text{lnEmployee}_{i,t} + \varepsilon_{i,t} \tag{6.1}$$

其中，Rperk 表示高管在职消费金额，采用管理费用明细项目中的办公费、差旅费、招待费、通信费、培训费、董事会费、小车费及会议费求和取自然对数来衡量；$\text{Asset}_{i,t-i}$ 为公司上期资产总额；$\Delta\text{REV}_{i,t}$ 为当期主营业务收入的变动金额；$\text{PPE}_{i,t}$ 为当期固定资产金额；$\text{Inventory}_{i,t}$ 为当期存货总金额；$\text{lnEmployee}_{i,t}$ 为雇佣员工总人数的自然对数。采用模型（6.1）先将样本企业分年度分行业回归，正常的在职消费金额通过模型回归得出解释变量预测值，非正常在职消费金额等于实际在职消费金额减去正常在职消费金额后的差额。

3. 高管的货币性私有收益（Unpay）

该指标采用非正常高管薪酬衡量，即采用高管实际薪酬与由经济因素决定的预期高管正常薪酬间差额来计量。预期合理的高管薪酬水平采用模型（6.2）来估计：

$$\ln \text{Pay}_{i,t} = b_0 + b_1 \ln \text{Asset}_{i,t} + b_2 \, \text{Roa}_{i,t} + b_3 \, \text{Roa}_{i,t-1} + b_4 \, \text{Arwage}_{i,t} +$$

$$b_5 \, \text{Central}_{i,t} + b_6 \, \text{West}_{i,t} + \varepsilon_{i,t} \tag{6.2}$$

其中，$\ln \text{Asset}_{i,t}$ 表示公司规模；$\text{Roa}_{i,t}$ 为公司本期总资产周转率；$\text{Roa}_{i,t-1}$ 为公司上期总资产周转率；$\text{Arwage}_{i,t}$ 表示上市公司所处地区城镇职工工资平均水平；$\text{Central}_{i,t}$ 代表上市公司是否处于中部地区的虚拟变量；$\text{West}_{i,t}$ 代表上市公司是否处于西部地区的虚拟变量。

4. 高管的货币性薪酬（lnPay）

该指标选用上市公司年报中披露的"薪酬最高的前三位高管"薪酬的自然对数。

5. 内部控制质量的度量

该指标采用深圳迪博公司发布的内部控制指数衡量，它采用千分制，分值分布范围为0~1000，分值与内部控制质量之间呈正相关关系。

6. 总经理结构权力

该指标采用总经理在董事会任职情况衡量。一般而言，总经理在董事会中职位越低，董事会对其监督能力越强，管理层权力越小。

7. 控制变量

控制变量包括：

（1）资产负债率（Lev）。当企业经营状况较好时，较高的资产负债率能为企业带来更多杠杆收益，企业业绩表现越好，过度隐性私有收益可能越高。

（2）资产净利率（Roa）。

（3）营业收入增长率（Growth），代表公司成长性。一般该指标越高，企业产品或服务的市场占有率越好。

（4）上市年限（Listyear），即公司上市时间长短。

（5）营业毛利率（Om），一般企业营业毛利率越高，盈利能力较强，高管薪酬水平可能越高。

（6）托宾Q（Tq）。

（7）第一大股东持股比例（C_share），企业股权集中度越高，股东监督能力越强，此时私有收益水平可能越低。

（8）行业哑变量（Industry），按老行业分类指引标准分类，剔除金融业，共4个行业变量，设置3个行业哑变量。

（9）年度哑变量（Year），按样本设计时间跨度，设置三个年度哑变量。

具体变量表见表6.1。

表 6.1　变量定义

变量类别	变量名称	变量符号	指标解释
被解释变量	高管过度隐性私有收益	Eperk	高管在职消费与模型（1）中预期正常的在职消费差额
	高管在职消费	Rperk	管理费用中包含的办公费、差旅费、招待费、通信费、培训费、董事会费、小车费及会议费。将此八类费用加总后除以当年营业收入
	高管的货币性私有收益	Unpay	高管货币薪酬与模型（2）中预期正常薪酬差额
	高管的货币性薪酬	lnPay	薪酬最高前三位高管薪酬总额取自然对数
解释变量	内部控制质量	ln(ICEI)	内部控制指数取自然对数
调节变量	结构权力	Power	总经理在董事会任职情况：总经理兼任董事长或副董事长取值为1，总经理与董事长或副董事长不兼任取值为2
控制变量	资产负债率	Lev	期末负债总额/资产总额
	营业收入增长率	Growth	营业收入增长额/上年营业收入总额
	资产净利率	Roa	四大审计取值为1，否则取值为0
	第一大股东持股	C_share	第一大股东持股数/总股数量
	托宾 Q	Tq	（股权市值+净债务市值）/期末总资产
	营业毛利率	Om	（营业收入-营业成本）/营业收入
	公司上市年限	Listyear	公司上市时间，以年为单位
	年度虚拟变量	Year	按照样本设计时间跨度，设置3个年度哑变量
	行业虚拟变量	Industry	按2001年行业分类指引，剔除金融业和年度行业样本观察值低于10的行业，设置3个行业哑变量

三、模型设计

采用以下模型衡量三者之间的关系。模型（6.3）检验内部控制质量与在职消费和高管过度隐性私有收益之间的关系。结合调节变量识别原则，使用分层回归方法验证总经理结构权力的调节效应。模型（6.4）中增加总经理结构权力变量，模型（6.5）增加 Power×ln（ICEI）交乘项。

$$Y_{i, t}\{Eperk，Rperk\} = c_0 + c_1\ln(ICEI)_{i, t} + c_2\sum_{i=1}^{n} Control_{i, t} + \varepsilon \qquad (6.3)$$

$$Y_{i, t}\{Eperk，Rperk\} = d_0 + d_1\ln(ICEI)_{i, t} + d_2 Power_{i, t} +$$

$$d_3 C_2\sum_{i=1}^{n} Control_{i, t} + \varepsilon \qquad (6.4)$$

$$Y_{i, t}\{Eperk，Rperk\} = e_0 + e_1\ln(ICEI)_{i, t} + e_2 Power_{i, t} + e_3 Power_{i, t} \times$$

$$\ln(ICEI)_{i, t} + e_4\sum_{i=1}^{n} Control_{i, t} + \varepsilon \qquad (6.5)$$

第四节 实证检验与结果分析

一、描述性统计及相关性分析

样本描述性统计结果如表 6.2 所示。

表 6.2 主要变量的描述性统计

变量	样本数	均值	标准差	最大值	最小值
Eperk	805	0.00000978	0.00828	1.1239	−0.0251
Rperk	805	0.0113	0.05	1.25	−0.0082
Unpay	805	0.017	0.481	1.382	−1.948
lnPay	805	13.59	0.81	16.31	11.64
Lev	805	0.548	0.397	6.74	0.00173
Tq	805	1.98	2.023	35.15	0.136
Growth	805	0.23	1.167	25.4	−0.975
Roa	805	0.037	0.081	0.979	−0.342
Listyear	805	10.4	4.61	20	1
C_share	805	2.08	8.48	62.43	0.05
ln（ICEI）	805	6.51	0.146	6.87	5.3
Om	805	0.205	0.21	0.91	−2.77

从表 6.2 可看出，Tq 的标准差为 2.023，均值为 1.98；上市年限（listyear）均值为 10.4 年，标准差为 4.61；ln（ICEI）均值为 6.51，标准差为 0.146。从表 6.3 和表 6.4 可以看出，我国国有上市公司高管的货币性私有收益（Unpay）显著高于高管隐性私有收益（Eperk）。从表 6.5 和表 6.6 可以看出，高管在职消费（Rperk）高于高管货币薪酬水平（lnPay），且呈持续增长趋势。

表 6.3 2009—2012 年样本中高管的过度隐性私有收益描述性统计

高管过度隐性私有收益	2009 年	2010 年	2011 年	2012 年
均值	−0.0000063	0.0000096	0.0000229	0.000057
中位数	0.0000267	−0.00002147	0.000215	0.0003
标准差	0.0095	0.01	0.0055	0.0049
N	282	194	193	136

表 6.4 2009—2012 年样本中高管的货币性私有收益描述性统计

高管的货币性私有收益	2009 年	2010 年	2011 年	2012 年
均值	−0.011599	0.0019	0.0656	0.028
中位数	0.02465	0.00932	0.0592	0.0358
标准差	0.5217	0.51	0.439	0.37
N	282	194	193	136

表 6.5 2009—2012 年样本中高管的在职消费描述性统计

在职消费	2009 年	2010 年	2011 年	2012 年
均值	15.84	16.19	16.63	16.7
中位数	15.76	16.21	16.49	16.65
标准差	1.22	1.154	1.228	1.11
N	282	194	193	136

表 6.6　2009—2012 年样本中高管的货币薪酬水平描述性统计

货币薪酬水平	2009 年	2010 年	2011 年	2012 年
均值	13.46	13.57	13.67	13.84
中位数	13.486	13.56	13.67	13.86
标准差	0.79	0.77	0.83	0.81
N	282	194	193	136

二、回归结果

（一）内部控制质量与在职消费和过度隐性私有收益

表 6.7 报告了内部控制质量与高管过度隐性私有收益和在职消费的回归结果。从模型（6.1）的结果来看，其中 ln（ICEI）系数显著为负（-0.005，$t=$ -2.151），这说明高质量的内部控制制度能显著抑制高管过度隐性私有收益（Eperk）。从模型（6.2）的结果来看，ln（ICEI）与在职消费（Rperk）之间显著负相关（-0.031，$t=-2.463$），结果表明高质量的内部控制制度能显著抑制高管在职消费，H8 得到验证。从控制变量的回归结果来看，模型（6.1）中，资产负债率（Lev）与高管过度隐性私有收益显著正相关（0.003，$t=2.979$），说明企业资产负债率越高，高管过度隐性私有收益越高。模型（6.2）中，营业收入增长率（Growth）、总资产增长率（Roa）、营业毛利率（Om）和托宾 Q（Tq）与在职消费显著负相关，说明企业市场前景越好和获利能力越强的企业在职消费越低。

表 6.7　内部控制质量与在职消费和过度隐性私有收益的回归结果表

变量	Y（Eperk）	Y（Rperk）
	模型（1）	模型（2）
Constant	0.028 ** （1.988）	0.205 ** （2.5）
ln（ICEI）	-0.005 ** （-2.151）	-0.031 ** （-2.463）
Lev	0.003 *** （2.979）	0.008 （1.504）

表6.7(续)

变量	Y（Eperk）	Y（Rperk）
	模型（1）	模型（2）
Growth	−0.00037 （−1.438）	−0.003 ** （−1.997）
Roa	−0.004 （−1.12）	−0.067 *** （−3.078）
Listyear	0.00008 （1.19）	−0.00006 （−0.68）
C_share	0.0000075 （0.208）	−0.00013 （−0.63）
Om	0.002 （1.264）	−0.018 ** （−2.026）
Tq	−0.00026 （−1.239）	0.006 *** （4.909）
Year/Industry	控制	控制
调整 R^2	0.179	0.269
F	1.847	4.378
N	805	805

注：***、** 和 * 分别表示在1%、5%和10%的水平上显著，括号中数字为双尾检验的 t 值。

（二）管理层权力、内部控制质量与在职消费和过度隐性私有收益

总经理结构权力、内部控制质量与非货币性过度隐性私有收益结果见表6.8。表6.8的结果表明，总经理两职兼任为纯调节变量。结果显示，模型（6.3）中，Power×ln（ICEI）的交乘项系数显著为正（0.013，t=2.948）。模型（6.2）中Power的系数不显著，表明Power变量为纯调节变量。结果表明，较大的结构权力会增加企业高管非货币性过度隐性私有收益，说明国有上市公司中，总经理两职合一会增加股东与经理之间的代理成本，增加高管攫取隐性私有收益的行为。此外，总经理集中结构权力将削弱内部控制质量对非货币性过度隐性私有收益的抑制作用。从控制变量结果来看，模型（6.3）中，Lev与高管非货币性过度隐性私有收益显著正相关。

表6.8　结构权力、内部控制质量与高管过度隐性私有收益回归结果表

变量	Y（Eperk）		
	模型（1）	模型（2）	模型（3）
Constant	0.025*	0.025*	0.134***
	(1.810)	(1.732)	(3.379)
ln（ICEI）	−0.004**	−0.004**	−0.021***
	(−1.994)	(−1.992)	(−3.464)
Power		0.000187	−0.082***
		(0.109)	(−2.936)
Power×ln（ICEI）			0.013***
			(2.948)
Lev	0.003***	0.003***	0.003***
	(3.158)	(3.151)	(3.044)
Growth	−0.0004	−0.0004	−0.00042
	(−1.627)	(−1.622)	(−1.643)
Roa	−0.005	−0.005	−0.006
	(−1.271)	(−1.265)	(−1.562)
Listyear	0.00009	0.00008	0.00009
	(1.355)	(1.347)	(1.356)
C_share	0.000009	0.000009	0.0000159
	(0.252)	(0.252)	(0.414)
Growth	0.001	0.001	0.002
	(0.981)	(0.982)	(1.049)
Year/Industry	控制	控制	控制
调整 R^2	0.174	0.174	0.203
F	1.87	1.735	2.21
N	805	805	805

注：***、**和*分别表示在1%、5%和10%的水平上显著，括号中数字为双尾检验的 t 值。

表6.9结果列示了总经理结构权力、内部控制质量与在职消费之间的关系。表6.9结果表明，总经理兼任董事长为纯调节变量。模型（6.3）中，Power×ln(ICEI) 的交乘项系数显著为正（0.044，$t=1.754$）。这说明总经理较集中的结构权力会增加高管在职消费；同时，总经理集中结构权力将削弱内部控制质量对在职消费的抑制作用。

表 6.9　结构权力、内部控制质量与高管在职消费回归结果表

变量	Y（Eperk）		
	模型（1）	模型（2）	模型（3）
Constant	0.271 ***	0.278 ***	0.659 **
	（3.294）	（3.293）	（2.831）
ln（ICEI）	−0.039 ***	−0.039 ***	−0.097 **
	（−3.146）	（−3.146）	（−2.75）
Power		−0.004	−0.291 *
		（−0.395）	（−1.775）
Power×ln（ICEI）			0.044 *
			（1.754）
Lev	0.005	0.005	0.004
	（0.863）	（0.875）	（0.802）
Growth	−0.002	−0.002	−0.002
	（−1.315）	（−1.325）	（−1.334）
Roa	−0.055 **	−0.055 **	−0.059 ***
	（−2.495）	（−2.505）	（−2.673）
Listyear	−0.000528	−0.0005	−0.0005
	（−1.343）	（−1.321）	（−1.326）
C_share	−0.000166	−0.000166	−0.0001
	（−0.788）	（−0.59）	（−0.459）
Om	−0.007	−0.007	−0.007 **
	（−0.827）	（−0.835）	（−0.802）
Year/Industry	控制	控制	控制
调整 R^2	0.209	0.21	0.219
F	2.78	2.59	2.629
N	805	805	805

注：***、** 和 * 分别表示在1%、5%和10%的水平上显著，括号中数字为双尾检验的 t 值。

三、实证结果分析

上述实证结果表明：

（1）内部控制制度对高管在职消费和过度隐性私有收益具有抑制作用。可能的原因在于：首先，高质量的内部控制制度更有利于发挥对管理层权力的监督作用，减少其机会主义行为，从而减少高管通过非货币性福利实现自身效用最大化的行为；其次，高质量的内部控制制度通过良好的控制环境和控制活动能有效抑制管理层私利行为。

（2）总经理结构权力对内部控制质量和在职消费及过度隐性私有收益的关系具有调节作用，集中的结构权力会削弱内部控制对在职消费的抑制作用。可能的原因在于：集中的结构权力使总经理在企业中拥有的决策自由度较高，受到的约束较少，总经理会利用法定结构权力影响内部控制制度实施过程中董事会及其下属审计委员会的监督，增加高管的机会主义行为动机，从而削弱内部控制制度对高管私利行为的抑制作用。

四、稳健性检验

借鉴卢锐等[83]的研究，本章将办公费、董事会费及会议费从在职消费总额中扣除，并采用相同方法对模型（6.3）、模型（6.4）和模型（6.5）进行回归，研究结论基本一致。

第五节 研究结论与政策建议

高管在职消费作为一种显性剩余损失，可能被管理层滥用，特别是当我国外部治理机制存在缺陷的情况下，高管在职消费可能更多被用于满足个人私利。本章以我国2009—2012年国有A股上市公司数据为样本，检验管理层权力、内部控制质量对在职消费和过度隐性私有收益的影响，得出的结论如下：

第一，企业内部控制质量与高管在职消费和过度隐性私有收益显著负相关。

第二，集中的结构权力会弱化董事会监督职能，从而削弱内部控制对高管私利行为的抑制作用。

根据上述结论得出以下政策建议：

第一，有效的内部控制制度是避免企业经营失败的重要防线之一，它能帮助企业实现目标，创造、增加和维持股东价值。在企业内部控制制度建设过程中，应充分考虑对总经理权力的激励和约束，这有利于避免高管实施机会主义行为，从而更好地发挥内部控制制度的积极效应。同时，我国国有企业应进一步加大内部控制制度的建设力度，从权力配置角度制定相应的遏制高管不当在职消费的专项制度，使内部控制制度能有效维护股东利益。

第二，加强制度约束是遏制高管私利行为的重要基础，而从企业内部来讲，企业更需要合理配置高管权力结构，结合企业所处的内外部情境充分权衡管理层权力的收益和成本，完善公司内部治理机制。目前，我国国有上市公司中存在总经理兼任董事长的情况。我国国有企业中存在的"所有者缺位"等治理缺陷，会弱化企业对高管权力的监督，不利于发挥内部控制制度对高管私利行为的抑制作用，甚至会出现权力集中的高管凌驾于内部控制机制之上的情况。因此完善公司内部治理机制，有利于约束国有企业高管的权力，避免决策经营和控制权集中于代理人，有利于保护委托人的利益。

第七章 管理层权力、内部控制质量 与管理层防御之盈余管理

现代公司所有权与经营权分离，引发了股东与经理人之间的代理冲突及由此产生的"内部人控制"问题。盈余管理①是经理人为在报酬合同、借款合同及政治成本②中实现自身效用最大化，而实施的机会主义行为。在我国资本市场中，盈余管理程度较高会对企业会计信息质量产生负面影响，从而对投资者做出决策产生不利影响，因此研究盈余管理影响因素具有较强的现实意义。内部控制作为投资者利益保护的重要制度安排，其设计和执行的有效性对投资者利益乃至全球资本市场产生重要影响。COSO 委员会 2013 年颁布的《内部控制——整合框架》提出内部控制三目标，包括运营目标、合规目标和报告目标。内部控制的具体目标之一为确保财务报告的可靠性，基于此，本章考察内部控制制度是否会对盈余管理行为产生影响。此外，由于管理层在企业内部控制建设过程中起着重要作用，内部控制通过具体措施限制执行者的权力滥用，使任何人不能凌驾于其上。但组织结构实际设计与预期设计的差异、自身不确定及环境动态变化等固有缺陷的存在，使权力关系成为影响内部控制目标实现程度的重要因素。

央企控股的上市公司作为我国国民经济支柱，主要涉及国计民生各行业的发展，因此央企的内部控制制度一直是市场关注的焦点和热点。基于此，本章以

---

① 美国会计学者威廉·R.斯科特在其所著的《财务会计理论》一书中指出，盈余管理是会计政策选择具有经济后果的一种表现，即经营者可在一系列会计政策（如公认会计原则）中自行选择，他们通常会选择那些对自身效用或公司市场价值最大的会计政策。

② 政治成本的产生是由于很多企业因自身特点会受到明显关注，包括与人们生活息息相关的巨型企业、战略性生产行业和垄断或接近垄断的企业，这些企业希望通过盈余管理降低所受到的政治关注程度。特别是当企业前景光明时，公众压力促使政府通过加强管制或其他方法减弱企业的盈利能力。

2009—2012 年 A 股央企控股上市公司作为研究对象，考察管理层权力、内部控制质量与两类盈余之间的关系。研究发现，对央企控股上市公司而言，高质量的内部控制制度能有效抑制应计项目盈余①和真实活动盈余②操纵。进一步研究发现，总经理结构权力会削弱内部控制质量对应计盈余的抑制作用。专家权力会增强内部控制质量对应计盈余的抑制作用，表明总经理较长的任期有利于企业内部控制制度建设。总经理声誉权力一方面有利于直接提高企业内部控制质量，另一方面有利于增强内部控制对应计盈余的抑制作用。央企总经理的任命、解聘、绩效考核等由于掌握在政府手中，有时需要遵循党委书记的决定。本章将总经理兼任党委书记作为其政治权力度量，但并未发现政治权力对内部控制质量和应计盈余有影响。

本章的主要创新之处在于从央企总经理结构权力、专家权力、声誉权力和政治权力维度探讨其对内部控制质量及应计盈余关系的影响。本章从管理层权力配置角度进行探讨，对优化央企上市公司内部控制质量建设具有一定积极意义。

第二节　文献综述与研究假设

一、内部控制质量与盈余管理间关系的文献综述与研究假设

自从《萨班斯-奥克斯利法案》要求企业披露内部控制信息后，国内外学者开始研究内部控制制度与盈余质量的关系。

Doyle 等[44]认为，薄弱的内部控制制度会增加管理层无意错报和有意操纵行为，这两种错误均会降低应计盈余质量。Ashbaugh-Skaife 等[104]研究发现，内部控制存在缺陷样本组的应计项目存在更大噪音，其操纵性应计利润程度更高。Gao 等[105]研究发现，《萨班斯-奥克斯利法案》中内部控制条款的规定降低了小企业上市公司信息披露质量，这些公司倾向于报告更低的盈余。

---

① 应计项目盈余操纵通过操控各种应计项目来实现，这些应计项目包括损益表中不涉及现金流量的收入费用项目，它并不影响企业现金流量。

② 真实活动盈余操纵指通过真实业务活动操控来改变企业报告盈余的行为，它的主要目标是"会计产品"而非公司股东收益净现值，它通常影响现金流量和当期盈余，有时也会影响应计利润，通常不增加公司价值，甚至损害公司长期利益。

我国学者对内部控制质量与盈余管理关系的研究中，存在两种不同结论：一种观点认为，内部控制制度降低了公司盈余管理程度；另一种观点认为，内部控制制度与公司盈余管理不存在相关性。张龙平等[106]以2006—2008年沪市A股上市公司作为对象，研究结果表明我国企业内部控制鉴证报告能够提高公司盈利质量。方红星等[107]通过对2009年度A股非金融类上市公司进行研究，发现内部控制质量较高的公司会计选择和真实活动盈余管理程度较低。董望等[108]以2009年中国A股上市公司为样本，研究发现，高质量的内部控制提高了应计盈余质量。叶建芳等[109]利用2008—2010年深圳证券交易所A股主板上市公司为样本，发现内部控制存在显著缺陷的企业比不存在显著缺陷的企业有更高程度的盈余管理，且当内部控制缺陷得到修正后企业盈余管理程度会相应降低。从中可知，关于内部控制制度与盈余管理间关系的研究尚未得出一致结论，内部控制制度与盈余管理之间的关系有待进一步检验。

央企作为我国国有企业的主体，其行业分布主要集中在与国民经济命脉密切相关的重点行业和关键领域。本章将盈余管理分为收入操纵、成本操纵和酌量性费用操纵。收入操纵通过产品价格折扣或放宽信用条件等来增加本期销售收入和提高报告期间盈利水平。成本操纵通过超出正常生产能力的生产，将固定成本分摊到更多产品中，降低产品单位固定成本，以此提高报告期的盈利水平。酌量性费用操纵通过降低研发和销售费用等酌量性费用，提高报告利润水平。对真实活动的操纵会扭曲公司正常生产和经营活动从而改变公司现金净流量。由于信息的不对称性和契约的不完备性，经理人存在谋取私利动机，代理人可通过会计方法的选择进行盈余管理。通过对盈余进行操纵来影响会计信息质量是代理问题的重要表现形式之一。

内部控制的主要目标是合理保证财务报告信息质量，内部控制质量越高的企业，内部控制目标的实现程度越高。除财务报告目标外，内部控制还包括经营效率性、合规性和战略性目标。内部控制贯穿于生产和经营全过程，涵盖销售过程控制、生产和存货控制及资金活动控制等诸多方面。其中，真实活动盈余管理中销售操纵涉及赊销政策不合理、信用管理不力和存货积压等内部控制重点关注领域。由于央企内部控制制度建设和实施效果纳入绩效考核体系，高质量的内部控制制度可以有效地遏制销售操纵、生产成本的操纵或酌量性费用操纵行为。例如，较高质量的内部控制制度可能会在企业赊销政策的审批权限上更严格，此时可以有效降低企业虚增收入的可能性。因此，本章提出假设：

H10：对于央企控股上市公司而言，内部控制质量越高的企业，两类盈余操纵程度越低。

二、管理层权力的调节作用相关文献综述与研究假设

由于我国央企高管持股总体水平较低，只有少数公司高管拥有股权，本章借鉴 Finkelstein[5] 按照权力来源的分类，结合我国国企管理层权力的特点，分别考察央企总经理结构权力、专家权力、声誉权力和政治权力对内部控制质量及应计盈余的影响。

结构权力是组织赋予管理者法定职位的权力，本章采用总经理是否兼任董事长衡量。首先，总经理两职兼任会削弱董事会监督职能，加深 CEO 和董事会之间信息不对称的程度。董事会是我国央企内部控制制度责任主体，在其结构权力较大的情况下，兼任董事长的总经理更容易削弱董事会及下属审计委员会的监督，进而降低内部控制制度的目标实现程度。其次，两职兼任的总经理权力较大，在企业中所受约束较少，能使自己的偏好占优，这会降低董事会的信息处理能力，从而阻碍内部控制制度在执行过程中信息的有效沟通和交流。最后，总经理两职兼任实质上是将企业决策权和控制权合一，无法实现对权力的有效牵制。因此，总经理结构权力较大，会削弱董事会对总经理的监督、降低董事会信息处理能力、增加极端决策的可能性，从而增加其与股东之间的代理成本。内部控制制度可以降低企业代理成本，报告目标作为内部控制的主要目标，较大的结构权力将会阻碍内部控制目标的实现，从而削弱内部控制对应计盈余的抑制作用。

在复杂多变的外部环境下，专家权力是管理层有效管理公司的重要来源，本章采用总经理任职时间来衡量。Allen[92] 研究发现，高管任期越长，其知识水平、社会经验和经营能力都将有大幅度提高，从而对公司控制力越强，越能掌握更多关于公司经营的内外部信息。在企业内部控制制度建设过程中，CEO 对公司特定知识的深入了解和积累的人力和社会资本的增加，有利于其制定更符合公司实际需求的内部控制制度，有利于内部控制目标的实现。一方面，我国央企高管由政府任免，高管存在严重"零薪酬"现象，使高管更看重在位时所获得控制权私有收益。一般而言，总经理任期越长，越能享受职务带来的收益，此时高管在企业的决策取决于是否有利于自身职位稳定。我国央企上市公司将内部控制制度建设与执行效果纳入企业绩效考核体系，总经理出于职位的考虑，有增强内控制度建

设的动力，从而有利于发挥内部控制对盈余管理的抑制作用。另一方面，由于企业内部控制制度的建设是一个长期的过程，其效果的实现需要较长时间，总经理任职时间越长，则可能对企业长期持续发展更关注，越有利于建立对内部控制制度的正确认识。此外，较长的任期会影响总经理对风险的态度，CEO 任期越长，过度自信程度越低，其越倾向于选择风险较小的政策。这在一定程度上会提升总经理对公司风险的管控水平，从而有利于实现内部控制的目标。

总经理声誉取决于其是否为社会公认的管理精英群体中的一员。Finkelstein[5]采用担任董事职位数目及精英教育指标衡量声誉权力。本章鉴于我国上市公司数据的可获取性，选用总经理学历背景衡量声誉权力。一般而言，总经理的学历越高，越重视自身声誉。较高的学历水平表明其适应环境变化的能力越强，具有较高的信息处理能力。Li 等[49]研究发现，高素质的首席财务官会提高企业内部控制质量。根据《企业内部控制基本规范》，专业胜任能力是内部控制执行者必备的素质要求。内部控制制度建设围绕企业经营环境和经营活动展开，经营环境和经营活动会面临复杂变化，教育程度较高的总经理往往具有更强的适应变化的能力，有利于企业内部控制制度建设。此外，总经理较高的学历有利于增加其对内部控制本质的深入理解，使其更容易识别有效控制措施，避免内部控制流于形式，从而提高内部控制目标实现程度。

我国央企控股上市公司中，中央政府拥有上市公司的最终控制权。虽然自 20 世纪 80 年代政府放权让利改革以后，政府减少了对企业经营和管理的控制，但仍保留了兼并、收购、出售股权和资产的最终控制权以及对总经理任命、业绩考核和薪酬方案的权力[82]。在央企控股的上市公司中，党委能对公司控制和决策权产生较大影响，例如总经理聘任过程中，会遵循党委书记的意见[8]。本章采用总经理和党委书记是否兼任来衡量总经理政治权力。一般而言，总经理政治权力越大，政府干预越强，越有利于发挥内部控制制度对应计盈余的抑制作用。在政府官员的晋升激励中，中国上级政府决定官员仕途升迁，总经理政治权力越大，其追求个人政治目标而非经营目标的动机可能越强，而经营目标能否实现是内部控制质量的直接表现，因此这不利于内部控制目标的实现。基于此，提出如下假设：

H11a：总经理结构权力对内部控制质量与盈余管理之间的关系具有负向调节作用。

H11b：总经理专家权力对内部控制质量与盈余管理之间的关系具有正向调节作用。

H11c：总经理声誉权力对内部控制质量与盈余管理之间的关系具有正向调节作用。

H11d：总经理政治权力对内部控制质量与盈余管理之间的关系具有调节作用。

根据上述理论分析，本章理论逻辑如图 7.1 所示。

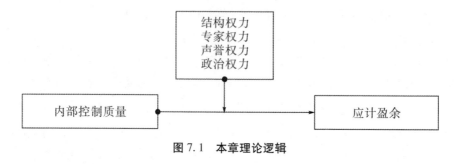

图 7.1　本章理论逻辑

第三节　研究方法与研究模型

一、样本选择及数据来源

本章以 A 股央企上市公司（不含金融行业）为样本，剔除 ST 的公司，为消除极端值影响，对主要连续变量处于 0～1% 和 99～100% 的样本进行缩尾处理，最后确定样本数量为：2009 年 95 家，2010 年 64 家，2011 年 85 家，2012 年 42 家，共 286 个观测值。

二、变量设计和衡量方法

1. 应计项目操纵

本章采用修正琼斯模型来估计应计项目的盈余管理。首先使用模型（7.1）分年度、分行业估计参数 a_1、a_2、a_3，计算过程中剔除金融业、数据缺失样本和年度行业样本观测数量少于 10 的行业。然后利用模型（7.2）计算操纵性应计 DA。

$$\text{TA}_{i,t} = a_0 + \frac{a_1}{\text{Asset}_{i,t-i}} + \frac{a_2 \Delta \text{REV}_{i,t}}{\text{Asset}_{i,t-1}} + \frac{a_3 \text{PPE}_{i,t}}{\text{Asset}_{i,t-1}} \tag{7.1}$$

$$\mathrm{DA}_{i,t} = \frac{\mathrm{TA}_{i,t}}{\mathrm{Asset}_{i,t-i}} - \left[\frac{a_1}{\mathrm{Asset}_{i,t-i}} + \frac{a_2(\Delta \mathrm{REV}_{i,t} - \Delta \mathrm{REC}_{i,t})}{\mathrm{Asset}_{i,t-1}} + \frac{a_3 \mathrm{PPE}_{i,t}}{\mathrm{Asset}_{i,t-1}} \right] + \varepsilon_{i,t}$$

$$(7.2)$$

其中，TA 为总应计项目，等于企业营业利润扣减经营活动产生的现金净流量；Asset 为公司资产总额；ΔREV 为企业营业收入的增长额；PPE 为企业固定资产净额；ΔREV 为企业应收账款的增长额。DA 的绝对值 Abs_DA 为对应计操纵的度量，Abs_DA 越大，说明应计操纵程度越大。

2. 真实活动的操纵

本章分别度量销售操纵、成本操纵和酌量性费用操纵，进而得出真实活动盈余管理总额。期望经营现金流量采用模型（7.3）衡量，具体如下：

$$\frac{\mathrm{CFO}_{i,t}}{\mathrm{Asset}_{i,t-i}} = \frac{b_1}{\mathrm{Asset}_{i,t-i}} + \frac{b_2 \mathrm{REV}_{i,t}}{\mathrm{Asset}_{i,t-1}} + \frac{b_3 \Delta \mathrm{REV}_{i,t}}{\mathrm{Asset}_{i,t-1}} + \varepsilon_{i,t} \qquad (7.3)$$

其中，CFO 表示经营活动产生的现金净流量，用企业经营活动现金净流量减去期望经营现金流量得出 DCFO。期望成本估计采用模型（7.4）衡量，具体如下：

$$\frac{\mathrm{COST}_{i,t}}{\mathrm{Asset}_{i,t-i}} = \frac{c_1}{\mathrm{Asset}_{i,t-i}} + \frac{c_2 \mathrm{REV}_{i,t}}{\mathrm{Asset}_{i,t-1}} + \frac{c_3 \Delta \mathrm{REV}_{i,t}}{\mathrm{Asset}_{i,t-1}} + \frac{c_4 \Delta \mathrm{REV}_{i,t-1}}{\mathrm{Asset}_{i,t-1}} + \varepsilon_{i,t} \quad (7.4)$$

其中，COST 代表公司生产成本，采用营业成本和存货变动之和来计量，将实际生产成本扣减期望生产成本之后便可得操纵性生产成本 DCOST。期望酌量性费用采用模型（7.5）衡量，具体如下：

$$\frac{\mathrm{DEXP}_{i,t}}{\mathrm{Asset}_{i,t-i}} = \frac{d_1}{\mathrm{Asset}_{i,t-i}} + \frac{d_2 \mathrm{REV}_{i,t-1}}{\mathrm{Asset}_{i,t-1}} + \varepsilon_{i,t} \qquad (7.5)$$

采用实际酌量性费用扣减期望酌量性费用后差额便得到操纵性酌量费用 DDEXP。真实活动盈余管理总额采用模型（7.6）衡量，具体如下：

$$\mathrm{DREM}_{i,t} = \mathrm{DCOST}_{i,t} - \mathrm{DCFO}_{i,t} - \mathrm{DDEXP}_{i,t} \qquad (7.6)$$

3. 内部控制质量的度量

内部控制指数采用深圳迪博公司发布的"迪博·中国上市公司内部控制指数"。它采用千分制，分值分布范围为 0~1000，分值越高表明内部控制质量越高。

4. 调节变量

结构权力（$Power_1$）选用总经理在董事会任职情况衡量。专家权力（$Power_2$）选用总经理任职时间衡量。声誉权力（$Power_3$）采用总经理学历背景衡量。政治权力（$Power_4$）采用总经理是否兼任党委书记衡量，一般政治权力越大，政府干预能力越强。

5. 控制变量

主要包括：

（1）企业规模（Size）。企业规模越大，盈余操纵空间越大。

（2）资产负债率（Lev）。当企业经营状况较好时，较高的资产负债率能给企业带来更多杠杆收益，此时企业业绩表现更好。

（3）营业收入增长率（Growth），一般该指标越高，企业产品或服务的市场占有率越好。

（4）上市年限（Listyear），为公司上市时间长短。

（5）行业哑变量（Industry），按老行业分类指引标准分类，剔除金融业，共5个行业变量，设置4个行业哑变量。

（6）年度哑变量（Year），按样本设计时间跨度，设置3个年度哑变量。具体变量表见表7.1。

表 7.1　变量定义表

变量类别	变量名称	变量符号	指标解释
被解释变量	应计盈余管理	Abs_DA	应计项目的操纵
	销售操纵	DCFO	收入操纵
	成本操纵	DCOST	生产成本操纵
	酌量费用操纵	DDEXP	费用操纵
	真实活动盈余管理	DREM	真实活动操纵
解释变量	内部控制质量	ln(ICEI)	内部控制指数取自然对数

表7.1（续）

变量类别	变量名称	变量符号	指标解释
调节变量	结构权力	$Power_1$	总经理在董事会任职情况：总经理兼任董事长或副董事长取值为 1，总经理与董事长或副董事长不兼任取值为 0
	专家权力	$Power_2$	总经理任职时间：总经理担任该职务时间，以年为单位
	声誉权力	$Power_3$	总经理学历背景：其中 1 为中专及以下，2 为大专，3 为本科，4 为硕士研究生，5 为博士研究生，6 为其他
	政治权力	$Power_4$	采用总经理和党委书记是否兼任衡量，若兼任取值为 1，否则取值为 0
控制变量	资产负债率	Lev	期末负债总额/资产总额
	企业规模	Size	期末资产总额取自然对数
	营业收入增长率	Growth	营业收入增长额/上年营业收入总额
	四大审计	Big4	若四大审计取值为 1，否则取值为 0
	公司上市年限	Listyear	公司上市时间，以年为单位
	年度虚拟变量	Year	按照样本设计时间跨度，设置三个年度哑变量
	行业虚拟变量	Industry	按 2001 年行业分类指引，剔除金融业和年度行业样本观察值低于 10 的行业，设置 3 个行业哑变量

三、模型设计

本章采用如下模型衡量三者之间的关系，其中模型（7.7）验证内部控制质量与两类盈余之间的关系，模型（7.8）增加管理层权力变量，模型（7.9）考察管理层权力的调节作用，根据调节变量识别原则，若模型（7.9）中交乘项显著，说明具有调节效应。

$$\mathrm{Abs\_DA}_{i,t}\{\mathrm{DCFO},\ \mathrm{DCOST},\ \mathrm{DEXP},\ \mathrm{DREM}\} = b_0 + b_1 \ln(\mathrm{ICEI})_{i,t} +$$

$$b_2 \sum_{i=1}^{n} \mathrm{Control}_{i,t} + \varepsilon \qquad (7.7)$$

121

$$\text{Abs\_DA}_{i,t} = c_0 + c_1 \ln(\text{ICEI})_{i,t} + c_2 \text{Power}_{i,t} + c_3 \sum_{i=1}^{n} \text{Control}_{i,t} + \varepsilon$$
$$(7.8)$$

$$\text{Abs\_DA}_{i,t} = d_0 + d_1 \ln(\text{ICEI})_{i,t} + d_2 \text{Power}_{i,t} + d_3 \text{Power}_{i,t} \times \ln(\text{ICEI})_{i,t} +$$
$$d_4 \sum_{i=1}^{n} \text{Control}_{i,t} + \varepsilon \qquad (7.9)$$

第四节　实证检验与结果分析

一、描述性统计及相关性分析

样本描述性统计结果如表 7.2 所示。

表 7.2　主要变量的描述性统计

变量	样本数	均值	标准差	最大值	最小值
Abs_DA	286	0.074	0.1126	1.4571	0.000077
DFCO	286	−0.013	0.065	0.423	−0.43
DCOST	286	−0.84	0.734	0.767	−4.45
DEXP	286	−0.044	0.052	0.065	−0.289
DREM	286	−0.786	0.69	0.755	−4.414
Lev	286	0.55	0.434	6.68	0.029
Size	286	22.33	1.47	27.85	18.81
Growth	286	0.112	0.136	1.837	−0.817
C_share	286	0.4384	3.150	0.7584	0.126
Listyear	286	11.39	0.356	19.0	4.0
Big4	286	0.148	0.1638	1	0
ln（ICEI）	286	6.53	0.163	6.89	5.30
Power_1	286	1.426	0.495	2	1
Power_2	286	1.889	1.745	11.66	0.083
Power_3	286	3.64	0.92	5	1
Power_4	286	0.138	0.3458	1	0

从表 7.2 可看出，央企上市公司 2009—2012 年生产成本操纵（DCOST）标准差为 0.734，专家权力（Power_2）均值为 1.889，标准差为 1.745，表明样本企业中生产成本操纵和专家权力的数据离散性相对较大。变量相关分析的结果见本章后附表 1，表 7.3 的结果表明应计项目操纵、收入操纵、成本操纵和酌量费用操纵与内部控制质量显著负相关，该结果初步表明，内部控制质量与两类盈余操纵显著负相关。

二、回归结果

（一）内部控制质量与两类盈余管理

表 7.3 报告了内部控制质量与两类盈余管理关系的回归结果。其中，$\ln(\text{ICEI})$ 系数显著为负，说明内部控制质量与两类盈余管理显著负相关，表明内部控制制度有利于抑制两类盈余操纵，H10 得到了验证。

表 7.3　内部控制质量与两类盈余管理的回归结果表

变量	Abs_DA	DCFO	DCOST	DEXP	DREM
常数项	0.774 *** （2.822）	0.386 ** （2.779）	3.824 ** （2.47）	0.184 ** （2.032）	3.253 ** （2.189）
ln（ICEI）	−0.129 *** （−2.839）	−0.068 *** （−2.943）	−0.672 *** （−2.615）	−0.044 *** （−2.892）	−0.561 ** （−2.272）
Lev	0.016 （1.075）	−0.013 * （−1.748）	−0.13 （−1.548）	−0.021 *** （−4.333）	−0.096 （−1.184）
Size	0.006 （1.183）	0.001 （0.48）	−0.038 （−1.316）	−0.0004 （−0.118）	−0.039 （−1.409）
Growth	0.035 （1.436）	−0.042 *** （−3.362）	−0.441 *** （−3.198）	0.005 （0.558）	−0.404 *** （−3.05）
Listyear	−0.0002 （−0.152）	−0.0002 （−0.026）	−0.023 ** （−1.933）	−0.0008 （−1.138）	−0.022 * （−1.897）
Big4	−0.004 （−0.187）	−0.014 （−1.373）	−0.085 （−0.765）	−0.004 （−0.652）	−0.067 （0.628）
年度/行业	控制	控制	控制	控制	控制
调整 R^2	0.18	0.367	0.394	0.582	0.37

表7.3(续)

变量	Abs_DA	DCFO	DCOST	DEXP	DREM
F 值	5.315	13.378	14.893	30.831	13.543
样本数	286	286	286	286	286

注：***、**和*分别表示在1%、5%和10%的水平上显著，括号中数字为双尾检验的 t 值。

(二) 管理层权力的调节作用

为清晰分析管理层权力的调节效应，本章分别验证总经理结构权力（Power₁）、专家权力（Power₂）、声誉权力（Power₃）和政治权力（Power₄）对企业内部控制质量与应计盈余关系的影响，回归结果见本章后附表2。结果表明：

第一，ln（ICEI）系数显著为负，表明企业内部控制质量与应计盈余显著负相关，验证了H10。

第二，从结构权力对内部控制质量与应计盈余关系来看，模型（7.2）中Power₁系数不显著，但模型（7.3）中Power₁系数显著为正，Power₁×ln（ICEI）系数显著为负，表明结构权力为调节变量。这说明总经理和董事长两职兼任会增加股东与经理之间的代理成本，增加企业应计项目操纵程度，同时会削弱内部控制质量对应计项目操纵的抑制作用。

第三，从专家权力对内部控制质量与应计盈余作用来看，模型（7.3）中Power₃系数显著为负，Power₃×ln（ICEI）系数显著为正，表明专家权力会增加内部控制质量对应计项目操纵的抑制作用。

第四，从声誉权力对内部控制与盈余管理作用来看，模型（7.2）中Power₃系数显著为负，模型（7.3）中Power₃×ln（ICEI）系数显著为正，表明声誉权力为半调节变量。一方面，较高学历的总经理会直接减小企业应计项目操纵程度；另一方面，较高学历的总经理会增强内部控制质量对应计项目操纵的抑制作用。

第五，总经理政治权力对内部控制质量和应计项目操纵无显著影响。对此，本章进一步查找了样本公司董事长和党委书记兼任情况信息，也仍未发现董事长兼任党委书记对内部控制质量和应计项目操纵的影响。可能的解释为，由于部分样本公司党委书记信息数据可获取性的限制，有效样本较少，影响了结果的显著性。

三、实证结果分析

上述实证结果表明：

第一，结构权力会削弱内部控制质量对应计项目操纵的抑制作用。原因可能在于：一方面，当总经理兼任董事长时，在企业中决策自由度较高，所受到的约束较少，总经理会利用法定结构权力限制董事会的信息处理能力，从而影响内部控制制度实施过程中信息传递和沟通的有效性，削弱内部控制制度抑制应计项目操纵的作用；另一方面，总经理兼任董事长会削弱董事会监督职能，从而增加总经理的机会主义行为和代理成本。

第二，专家权力会增强内部控制质量对应计项目操纵的抑制作用。可能的原因是，由于内部控制制度建设是长期过程，其效果的实现需要较长时间，总经理任职时间越长，越关注企业长期持续发展，越有利于建立对内部控制制度的正确认识。

第三，声誉权力会增强内部控制质量对应计项目操纵的抑制作用。可能的原因是，教育程度较高的总经理可能有更强的适应变化的能力，因此从专业胜任能力角度有利于内部控制制度建设。

四、稳健性检验

内部控制质量与两类盈余之间可能存在内生性问题，比如盈余管理程度较高的公司可能影响内部控制质量。为控制这一内生性问题，将解释变量的滞后项纳入模型（7.3）中进行二阶段回归，回归结果见表7.4。控制内生性后，与主测试部分回归结果相同，对央企上市公司而言，较高质量的内部控制制度能有效抑制应计项目操纵和真实活动的盈余管理。

表 7.4　内部控制质量与两类盈余管理的回归结果表

变量	Abs_DA	DCFO	DPROD	DISEXP	DREM
常数项	0.922**	0.616***	3.96*	0.233*	3.12
	(2.23)	(2.92)	(1.7)	(1.71)	(1.39)
ln（ICEI）	-0.157**	-0.109***	-0.696*	-0.053**	-0.534
	(-2.2)	(-3)	(-1.74)	(-2.28)	(-1.39)

表7.4(续)

变量	Abs_DA	DCFO	DPROD	DISEXP	DREM
Lev	0.0144 (0.98)	−0.0146* (−1.95)	−0.13 (−1.57)	−0.022*** (−4.58)	−0.094 (−1.184)
ln（Asset）	0.0078 (1.4)	0.0026 (0.92)	−0.038 (−1.22)	0.0008 (0.44)	−0.042 (−1.38)
Growth	0.039 (1.53)	−0.0349*** (−2.67)	−0.437*** (−3.02)	0.0058 (0.69)	−0.408*** (−2.94)
Listyear	−0.00063 (−0.3)	−0.0007 (−0.66)	−0.023** (−1.98)	−0.00078 (−1.13)	−0.022* (−1.93)
Big4	−0.002 (−0.1)	−0.01 (−1.02)	−0.082 (−0.73)	−0.004 (−0.62)	−0.068 (−0.63)
年度/行业	控制	控制	控制	控制	控制
调整 R^2	0.2059	0.389	0.422	0.6027	0.399
样本数	286	286	286	286	286

注：***、**和*分别表示在1%、5%和10%的水平上显著，括号中数字为双尾检验的 t 值。

第五节　研究结论与政策建议

本章以我国 A 股央企上市公司 2009—2012 年的数据为样本，对所提假设进行实证检验，得出如下结论：

第一，央企控股的上市公司中，高质量的内部控制制度能有效抑制两类盈余管理。

第二，总经理兼任董事长会削弱董事会的监督职能，从而增加总经理的机会主义行为和代理成本，削弱内部控制制度对盈余管理的抑制作用。

第三，总经理任职时间越长，高管越可能享受职务带来的收益。

第四，较高学历的总经理往往具有更强的适应变化的能力，有利于其在复杂多变的环境中更好地分辨信息，做出更理性的决策，从而有利于增强内部控制制度对应计盈余的抑制作用。

本章的研究结论具有如下意义：

第一，管理层权力是一把双刃剑，合理的权力配置有利于高管与董事会之间进行良性互动，有助于提高决策质量。过大的管理层权力，如两职兼任可能会损害董事会的独立性，从而增加代理成本。在企业具体环境中，董事会应充分权衡赋予管理层权力的收益和成本，并进行动态调整，以确保央企内部控制制度的目标实现。

第二，内部控制制度是企业管理的一项长效机制，在企业内部控制制度建设过程中，充分增加总经理任职时间和职位稳定性，有利于避免管理层激进和短期经营行为，从而有利于发挥内部控制制度的积极作用。

第三，在我国职业经理人市场建设过程中，高学历人才有利于提高经理人职业声誉，高学历本身具有信号传递作用，能吸引更高层次的社会资源，在职业发展中更容易获得专业性帮助和指导，这对内部控制制度建设是有利的。

附表 1 变量相关系数表

变量	Abs_DA	Lev	Size	Growth	C_share	Listyear	Big4	ln(ICEI)	Power$_1$	Power$_2$	Power$_3$	Power$_4$	DCFO	DCOST	DEXP	DREM
Abs_DA	1															
Lev	0.134*	1														
Size	-0.018	0.055	1													
Growth	0.083	-0.036	0.093	1												
C_share	0.005	-0.021	0.364**	0.001	1											
Listyear	0.002	0.187**	0.222**	0.078	0.16**	1										
Big4	0.043	0.017	0.398**	0.155**	0.115	0.033	1									
ln(ICEI)	-0.142*	-0.094	0.448**	0.301**	0.309**	0.011	0.344**	1								
Power$_1$	-0.063	0.076	0.151*	0.007	0.052	0.243**	0.053	0.023	1							
Power$_2$	0.003	-0.003	0.048	-0.074	-0.022	-0.08	0.018	0.067	0.07	1						
Power$_3$	-0.121*	-0.081	0.224**	0.265**	0.019	-0.025	0.079	0.268	0.049	0.083	1					
Power$_4$	-0.011	-0.002	0.082	0.088	-0.043	0.217**	0.067	0.005	-0.016	0.123	0.005	1				
DCFO	0.061	-0.034	-0.125*	-0.263**	0.023	-0.074	-0.113	-0.253**	-0.039	-0.05	-0.297**	-0.074	1			
DCOST	-0.101	-0.175**	-0.2**	-0.277**	-0.135*	-0.228**	-0.25**	-0.277**	-0.048	0.000	-0.252**	-0.024	0.225**	1		
DEXP	0.012	-0.234**	-0.183**	-0.16**	-0.133*	0.292**	-0.164**	-0.173**	-0.27**	-0.15**	-0.185**	-0.08	0.306**	0.64**	1	
DREM	-0.114	-0.165**	-0.187**	-0.257**	-0.136*	-0.214**	-0.242**	-0.258**	-0.027	0.016	-0.226**	-0.011	0.123*	0.993**	0.576**	1

注：*、**分别表示在 5%和 1%的水平上显著。

附表2　四个维度权力对内部控制质量与应计盈余的层次回归模型

变量	结构权力对内部控制质量与盈余管理的作用			专家权力对内部控制质量与盈余管理的作用			教育背景(声誉权力)对内部控制质量与盈余管理的作用			政治权力对内部控制质量与盈余管理的作用		
	模型(1)	模型(2)	模型(3)	模型(1)	模型(2)	模型(3)	模型(1)	模型(2)	模型(3)	模型(1)	模型(2)	模型(3)
常数项	0.781** (2.603)	0.781** (2.611)	2.879*** (3.595)	0.781** (2.603)	0.772*** (2.687)	1.317*** (3.022)	0.781** (2.603)	0.756*** (2.627)	3.034*** (4.396)	0.978** (2.433)	0.978** (2.427)	0.986** (2.276)
$\ln(\text{ICEI})$	-0.127*** (-2.682)	-0.127*** (-2.682)	-0.456*** (-3.629)	-0.127*** (-2.682)	-0.126*** (-2.672)	-0.215*** (-3.019)	-0.127*** (-2.682)	-0.119** (-2.501)	-0.469*** (-4.365)	-0.151** (-2.214)	-0.151** (-2.212)	-0.152** (-2.04)
Power_1		-0.002 (-0.051)	1.429*** (2.807)									
$\text{Power}_1 \times \ln(\text{ICEI})$			-0.22*** (-2.818)									
Power_2					0.002 (0.416)	-0.174* (-1.65)						
$\text{Power}_2 \times \ln(\text{ICEI})$						0.027* (1.662)						
Power_3								-0.012* (-1.684)	-0.681*** (-3.679)			
$\text{Power}_3 \times \ln(\text{ICEI})$									0.104*** (3.615)			
Power_4										-0.003 (-0.117)	-0.003 (-0.117)	-0.052 (-0.049)
$\text{Power}_4 \times \ln(\text{ICEI})$												0.008 (0.047)

附表2（续）

变量	结构权力对内部控制与盈余管理的作用			专家权力对内部控制与盈余管理的作用			教育背景（声誉权力）对内部控制与盈余管理的作用			政治权力对内部控制与盈余管理的作用		
	模型（1）	模型（2）	模型（3）	模型（1）	模型（2）	模型（3）	模型（1）	模型（2）	模型（3）	模型（1）	模型（2）	模型（3）
Lev	0.02 (1.346)	0.02 (1.346)	0.019 (1.284)	0.02 (1.346)	0.02 (1.343)	0.019 (1.249)	0.02 (1.346)	0.018 (1.204)	0.01 (0.702)	0.019 (1.215)	0.019 (1.205)	0.019 (1.201)
ln(Asset)	0.005 (0.89)	0.005 (0.89)	0.007 (1.22)	0.005 (0.89)	0.005 (0.87)	0.006 (1.119)	0.005 (0.89)	0.006 (1.139)	0.006 (1.093)	0.002 (0.337)	0.002 (0.345)	0.003 (0.346)
Growth	0.03 (1.208)	0.03 (1.208)	0.04* (1.64)	0.03 (1.208)	0.031 (1.23)	0.039 (1.54)	0.03 (1.208)	0.039 (1.535)	0.046* (1.834)	0.011 (0.342)	0.011 (0.349)	0.011 (0.349)
Listyear	-0.0002 (-0.152)	-0.0002 (-0.152)	-0.0002 (-0.127)	-0.0002 (-0.152)	-0.0001 (-0.086)	-0.000001 (-0.015)	-0.0002 (-0.152)	-0.0002 (-0.152)	-0.0003 (-0.409)	-0.00001 (-0.025)	-0.0001 (-0.001)	0.000001 (0.002)
C_share	0.002 (0.044)	0.002 (0.044)	-0.001 (-0.022)	0.002 (0.044)	0.002 (0.397)	-0.000 (-0.005)	0.002 (0.044)	-0.005 (-0.089)	-0.025 (-0.494)	0.012 (0.187)	0.011 (0.177)	0.011 (0.18)
Big4	0.002 (0.094)	0.002 (0.092)	0.007 (0.377)	0.002 (0.094)	0.002 (0.096)	0.004 (0.18)	0.002 (0.094)	0.003 (0.151)	-0.011 (-0.573)	0.025 (1.088)	0.025 (1.075)	0.025 (1.068)
年度/行业	控制	控制	控制	控制	控制	控制	控制	控制	控制	控制	控制	控制
调整 R^2	0.146	0.143	0.165	0.146	0.144	0.149	0.146	0.152	0.189	0.197	0.193	0.189
F	4.666	4.317	4.664	4.666	4.33	4.253	4.666	4.565	5.327	4.953	4.577	4.25

注：***，**和*分别表示在1%、5%和10%的水平上显著，括号中数字为双尾检验的 t 值。

第八章　研究结论与展望

第一节　研究结论

由于管理层权力的形成受不同内外部情境的影响，笔者选取外部情景因素中的产权制度及内部情景因素中的企业生命周期考察其对管理层权力与内部控制质量关系的影响。然后，进一步分析管理层权力、内部控制质量与管理层防御之间的关系。本书的主要研究结论如下：

第一，从外部产权制度角度来看，所有权效应越小，高管追求经营性目标的积极性越高，从而企业内部控制质量就越高。

第二，从企业生命周期角度来看，我国家族上市公司中内部控制质量在企业不同生命周期中存在差异。家族企业的内部控制质量在成长期显著较高，在非成长期显著较低。从管理层的不同维度权力来看，专家权力对内部控制质量的影响存在周期性效应。在实际控制人任 CEO 的样本中，亲缘关系较强的家族成员担任CEO 时，企业内部控制质量更低。

第三，从管理层权力、内部控制质量和高管腐败的实证结果来看，管理层权力越大，越可能诱发高管腐败行为。内部控制质量对管理层权力与高管腐败的诱发行为具有负向调节作用。

第四，从管理层权力、内部控制质量和管理层在职消费及过度隐性私有收益的实证结果来看，对我国国有上市公司而言，内部控制质量与管理层在职消费和过度隐性私有收益显著负相关。进一步研究发现，总经理集中的结构权力对于内部控制质量对管理层在职消费和过度隐性私有收益的抑制作用具有负向调节作用。

第五，从管理层权力、内部控制质量与盈余管理的实证结果来看，对我国 A 股央企上市公司而言，内部控制制度能有效抑制应计盈余和真实活动的盈余。进一步的研究发现，总经理结构权力会削弱内部控制对应计盈余的抑制作用。专家权力和声誉权力会增强内部控制对应计盈余的抑制作用。

因此，本书的基本结论是，管理层权力对内部控制质量的影响会受到企业产权制度和生命周期的影响。内部控制制度作为降低代理成本的重要制度安排，能有效抑制企业管理层在职消费和过度隐性私有收益、高管腐败及两类盈余管理行为。管理层权力对内部控制质量与管理层防御的关系具有调节作用。

在研究过程中，笔者还发现一些有意义的结论：比如，CEO 的不同类型导致权力存在异质性，实际控制人或其家族成员任 CEO 会加剧家族所有者与外部分散小股东间的利益冲突，内部控制作为外部投资者利益保护的正式制度安排，往往会沦为代理问题的一部分。另外，家族企业中血缘、信任或情感等非正式治理方式可能在一定程度上会替代内部控制治理，因此其内部控制建设可能只是为了迎合监管需要。

第二节　研究建议

根据本书的研究结论，笔者提出以下建议：

第一，对纯私人家族企业而言，企业家拥有的所有权本身为一种治理机制，这类公司治理应充分发挥激励机制的作用。此时，企业赋予管理层更大的权力有利于激发企业家精神，有利于企业内部控制质量提升。而单纯的国有或公共产权公司则应更强调权力的制衡和约束作用，从而防止代理人采取机会主义行为。

第二，对我国家族企业内部控制质量进行建设时，应依据企业生命周期阶段有针对性地动态调整管理层权力来源，以加强内部控制建设。

第三，从治理高管腐败来看，应考虑将内部控制制度深度嵌入公司治理体系中，并结合产权制度差异，从高管权力配置角度出台防范高管腐败的内部控制专项制度。

第四，应进一步完善国有上市公司治理结构，加强董事会、股东大会和管理层间的制衡，特别是董事长与总经理应充分职责分离，有效实现从行政型到经济型治理的成功转型。

第五，公司治理的核心在管理层，应合理配置管理层权力结构，有效防止其绕过内部控制这一治理工具来进行管理层防御。

第六，内部控制是企业管理的长效机制，在其建设过程中企业应给予总经理充分的时间，保证其职位稳定性，以避免高管的激进和短期行为，从而更有利于内部控制制度目标的实现。

第三节 研究局限与研究展望

本书的局限性主要在于：

第一，由于数据可获取性的限制，本书在管理层权力计量指标的选取上，还并未达成完全一致性，这可能会影响管理层权力经济后果的研究。

第二，本书对企业生命周期的划分若能更加细化，可能会使研究结论更清晰。本书对生命周期指标的构建若能突破只限于财务指标的缺陷，则将使划分标准更客观。

第三，在对高管腐败的界定方面，由于腐败涉案金额获取难度较大，因此本书只研究了腐败的影响因素，而并未对其程度做进一步的研究，这也有待进一步完善。

今后有待进一步展开的研究包括：

第一，管理层权力引发的经济后果的研究范围和理论基础有待拓展。现有学者对此主题的研究主要是基于委托代理理论，实质上管理层权力对组织的影响深远。管理层权力对经营战略、研发和创新活动的影响研究成为未来进一步研究的方向。

第二，对管理层权力的治理和反治理体系的研究。

第三，对内部控制制度不同目标实现程度的研究。

第四，对管理层防御治理机制的研究。

参考文献

[1] JENSEN M C, MECKLING W. Theory of the firm: Managerial behavior, agency costs, and ownership structure [J]. Journal of Financial Economics, 1976, 3: 305-360.

[2] FAMA E F, JENSEN C. Separation of ownership and control [J]. Journal of Law and Economics, 1983, 26: 301-325.

[3] MORCK R, SHLEIFER A, VISHNY R W. Management Ownership and Market Valuation: An Empirical Analysis [J]. Journal of financial Economics, 1988, 20 (1): 293-315.

[4] TOSI H L, et al. Managerial discretion, compensation strategy and firm performance [M]. Greenwich, CT: JAI Press, 1999.

[5] FINKELSTEIN S. Power in top management teams: Dimensions, measurement, and validation [J]. The Academy of Management Journal, 35 (3): 505-538.

[6] GRABKE-RUNDELL A, GOMEZ-MEJIA L R. Power as a determinant of executive compensation [J]. Human Resource Management Review, 2002 (12): 3-23.

[7] VAN ESSEN M. Assessing management power theory: A meta-analytic approach to understanding the determinants of CEO compensation [J]. Journal of Management, 2015, 1 (41): 164-202.

[8] CHEN J, EZZAMEL M, CAI M. Managerial power theory, tournament theory, and executive pay in China [J]. Journal of Corporate Finance, 2011 (17): 1176-1199.

[9] LAMBERT R A, LARKER D F, WEIGELT K. The structure of organizational incentive [J]. Administrative Science Quarterly, 1993 (38): 438-461.

[10] MORSE A, et al. Are incentive contracts rigged by powerful CEOs? [J]. The Journal of Finance, 2011, 66 (5): 1779-1821.

[11] 王克敏, 王志超. 高管控制权、报酬与盈余管理: 基于中国上市公司的实证研究 [J]. 管理世界, 2007 (7): 111-119.

[12] 卢锐, 魏明海, 黎文靖. 管理层权力、在职消费与产权效率: 来自中国上市公司的经验证据 [J]. 南开管理评论, 2008 (5): 85-112.

[13] 吕长江, 赵宇恒. 国有企业管理者激励效应研究: 基于管理者权力的解释 [J]. 管理世界, 2008 (11): 99-188.

[14] 吕长江, 郑慧莲, 严明珠, 等. 上市公司股权激励制度设计: 是激励还是福利? [J]. 管理世界, 2009 (9): 133-188.

[15] 权小锋, 吴世农, 文芳. 管理层权力、私有收益与薪酬操纵 [J]. 经济研究, 2010 (11): 73-87.

[16] 王烨, 叶玲, 盛明泉. 管理层权力、机会主义动机与股权激励计划设计 [J]. 会计研究, 2012 (10): 35-41.

[17] BEBCHUK F. Pay without performance: The unfulfilled promise of executive compensation [M]. Harvard: Harvard University Press, 2004.

[18] EISENHARDT K M, ZBARACKI M J. Strategic decision making [J]. Strategic Management Journal, 1992, 13: 17-37.

[19] WISEMAN R M, GOMEZ-MEJIA L R. A behavior agency model of managerial risk taking [J]. The Academy of Management Review, 1998, 23 (1): 133-153.

[20] HAMBRICK D C, MASON P A. Upper echelons: The organization as a reflection of its top managers [J]. Academy of management review, 1984, 9 (2): 193-206.

[21] JOHNSON S. Tunneling [J]. American Economic Review, 2000, 90 (2): 22-27.

[22] LEWELLYN K B, MULLER-KAHLE M I. CEO Power and risk taking: Evidence from the subprime lending industry [J]. Corporate Governance: An International Review, 2012, 3 (5): 289-307.

[23] BOYD B K, et al. Dimensions of CEO-board relations [J]. Journal of Management Studies, 2011, 48 (8): 1892-1923.

[24] ADAMS R B, et al. Powerful CEOs and their impact on corporate performance [J]. The Review of Financial Studies, 2005, 1 (4): 1403-1432.

[25] GALEMA R, et al. Do powerful CEOs determine microfinance performance?

［J］. Journal of Management Studies, 2012, 49（4）: 718-742.

［26］PATHAN S. Strong boards, CEO power and bank risk-taking ［J］. Journal of Banking & Finance, 2009, 33（7）: 1340-1350.

［27］权小锋, 吴世农. CEO 权力强度、信息披露质量与公司业绩波动: 基于深交所上市公司的实证研究 ［J］. 南开管理评论, 2010（4）: 142-153.

［28］HERMALIN B E, Weisbach M S. Endogenously chosen boards of directors and their monitoring of the CEO ［J］. The American Economic Review, 1998, 88（1）: 96-118.

［29］FRACASSI C, TATE G. External networking and internal firm governance ［J］. The Journal of Finance, 2012, 67（1）: 153-194.

［30］KARAEVLI A, ZAJAC E J. When do outsider CEOs generate strategic change? The enabling role of corporate stability ［J］. Journal of Management Studies, 2013, 50（7）: 1267-1294.

［31］MANDE V, SON M. CEO centrality and meeting or beating analyst's earnings forecasts ［J］. Journal of Business Finance & Accounting, 2012, 39（1-2）: 82-112.

［32］JIRAPORN P, LIU Y X, KIM Y S. How do powerful CEOs affect analyst coverage? ［J］. European Financial Management, 2014, 20（3）: 652-676.

［33］BEBCHUK L, CREMERS M, PEYER U. The CEO pay slice ［J］. Journal of Financial Economics, 2011（102）: 199-221.

［34］LIU Y, JIRAPORN P. The effect of CEO power on bond ratings and yields ［J］. Journal of Empirical Finance, 2010（17）: 744-762.

［35］HAMBRICK D C, FINKELSTEIN S. Managerial discretion: A bridge between polar views of organizational outcomes ［J］. Research in Organizational Behavior, 1987, 9（4）: 369-406.

［36］刘星, 代彬, 郝颖. 高管权力与公司治理效率: 基于国有上市公司高管变更的视角 ［J］. 管理工程学报, 2012（1）: 1-12.

［37］徐细雄, 刘星. 放权改革、薪酬管制与企业高管腐败 ［J］. 管理世界, 2013（3）: 119-132.

［38］MINTZBERG H J, WATERS A. Tracking strategy in an entrepreneurial firm ［J］. Academy of Management Studies, 1982, 25（3）: 465-499.

［39］DENIS D J. Agency problems, equity ownership and corporate diversification

［J］. Journal of Finance, 1997, 52（1）: 135-160.

［40］ RALPH C. What different about family business ［R］. IMF Working Paper, 2001.

［41］ KRISHNAN J. Audit committee quality and internal control: An empirical analysis ［J］. The Accounting Review, 2005, 80（2）: 649-675.

［42］ GE W, et al. The disclosure of disclosure of material weaknesses in internal control after the Sarbanes-Oxley act ［J］. Accounting Horizons, 2005, 19: 137-158.

［43］ ASHBAUGH-SKAIFE H, COLLINS D W, KINNEY W R, et al. The effect of SOX internal control deficiencies and their remediation on accrual quality ［J］. The Accounting Review, 2008, 83（1）: 217-250.

［44］ DOYLE J T, GE W, MCVAY S. Accruals quality and internal control over financial reporting ［J］. The Accounting Review, 2007a, 82（5）: 1141-1170.

［45］ LEONE A J, LIU M. Accounting irregularities and executive turnover in founder-managed firms ［J］. The Accounting Review, 2010, 85（1）: 287-314.

［46］ HOITASH, et al. Corporate governance and internal control over financial reporting: A comparison of regulatory regimes ［J］. The Accounting Review, 2009, （3）: 839-867.

［47］ GOH B W. Audit committees, boards of directors, and remediation of material weaknesses in internal control ［J］. Contemporary Accounting Research, 2009, 26: 549-579.

［48］ NAIKER V, SHARMA D S. Former audit partners on the audit committee and internal control deficiencies ［J］. The Accounting Review, 2009, 84: 559-587.

［49］ LI C, SUN L, ETTREDGE M. Financial executive qualifications, financial executive turnover, and adverse SOX 404 opinions ［J］. Journal of Accounting and Economics, 2010, 50（1）: 93-110.

［50］ BEDARD J C, GRAHAM L. Detection and severity classifications of Sarbanes-Oxley section 404 internal control deficiencies ［J］. The Accounting Review, 2011, 86: 825-855.

［51］ GONG G, KE B, YU Y. Home country investor protection, ownership structure and cross-listed firms' compliance with SOX-mandated internal control deficiency disclosures ［J］. Contemporary Accounting Research, 2012, 30（4）: 1490-1523.

［52］JONG-HAG, et al. The effects of human resource investment in internal control on the disclosure of internal control weaknesses ［J］. Auditing：A Journal of Practice & Theory, 2013, 32（4）：169-199.

［53］CHENG M, DHALIWAL D, ZHANG Y. Does investment efficiency improve after the disclosure of material weaknesses in internal control over financial reporting? ［J］. Journal of Accounting and Economics, 2013, 56：1-18.

［54］HOLLIS A, et al. Internal control over financial reporting and managerial extraction：Evidence from the profitability of insider trading ［J］. Journal of Accounting and Economics, 2013, 55：91-110.

［55］王立勇. 内部控制系统评价定量分析的数学模型 ［J］. 审计研究, 2004（4）：53-59.

［56］林钟高, 郑军, 王书珍. 内部控制与企业价值研究：来自沪深两市 A 股的经验分析 ［J］. 财经研究, 2007（4）：132-143.

［57］韩传模, 汪士果. 基于 AHP 的企业内部控制模糊综合评价 ［J］. 会计研究, 2009（4）：55-61.

［58］程晓陵, 王怀明. 公司治理结构对内部控制有效性的影响 ［J］. 审计研究, 2008（4）：53-61.

［59］张颖, 郑洪涛. 我国企业内部控制有效性及其影响因素的调查与分析 ［J］. 审计研究, 2010（1）：75-81.

［60］李育红. 公司治理结构与内部控制有效性：基于中国沪市上市公司的实证研究 ［J］. 财经科学, 2011（2）：69-75.

［61］张先治, 戴文涛. 公司治理结构对内部控制影响程度的实证分析 ［J］. 财经问题研究, 2010（7）：89-95.

［62］李颖琦, 俞俊利. 股权制衡与内部控制有效性：基于 2008—2010 年酿酒类上市公司的案例分析 ［J］. 会计研究, 2012（2）：50-56.

［63］刘启亮, 罗乐, 何威风, 等. 产权性质、制度环境与内部控制 ［J］. 会计研究, 2012（3）：52-61.

［64］赵息. 高管权力及其对内部控制的影响 ［J］. 科学性与科学技术管理. 2013（1）：114-121.

［65］吴秋生, 郝诗萱. 论领导者权力对内部控制有效性的影响 ［J］. 审计与经济研究, 2013（5）：32-39.

［66］张敏，朱小平. 中国上市公司内部控制问题与审计定价关系研究［J］. 经济管理，2010（9）：108-113.

［67］单华军. 内部控制、公司违规与监管绩效改进：来自2007—2008年深市上市公司的经验证据［J］. 中国工业经济，2010（11）：140-148.

［68］BEBCHUK L A，FRIED J M，WALKER D I. Managerial power and rent extraction in the design of executive compensation［J］. University of Chicago Law Review，2002，69（3）：48-56.

［69］袁春生. 公司治理中经理自主权的壁垒效应解析［J］. 管理评论，2009，21（12）：48-56.

［70］GOYAL V K，PARK C W. Board leaders hip structure and CEO turnover［J］. Journal of Corporate Finance，2002，8（1）：49-66.

［71］EMITA W，et al. Accounting policy choice and firm characteristics in the Asia Pacific Region：An international empirical test of costly contracting theory［J］. The International Journal of Accounting，2006，41：1-21.

［72］CHUNG R，FIRTH M，KIM J B. Institutional monitoring and opportunistic earnings management［J］. Journal of Corporate Finance，2002（8）：29-48.

［73］林朝南，刘星，郝颖. 行业特征与控制权私利：来自中国上市公司的经验证据［J］. 经济科学，2006（3）：61-72.

［74］GUADALUPE M，et al. The impact of product market competition on private benefits of control［R］. Columbia University Working paper，2006.

［75］NEJLA，et al. Managerial entrenchment：Modelesation and impact on the shareholders wealth［R］. NBER Working Paper，2006.

［76］RAGHURAM R，SERVAES H，ZINGALES L. The cost of diversity：the diversification discount and inefficient investment［J］. Journal of Finance，2000，55：35-80.

［77］RENE M S. Managerial discretion and optimal financing policies［J］. Journal of Financial Economics，1990，26（1）：3-27.

［78］NICOS A S，et al. Policy holder dividend policy and the costs of managerial discretion［J］. The Journal of Risk and Insurance，1998，65（2）：319-330.

［79］黄娟娟，沈艺峰. 上市公司股利政策究竟迎合了谁的需要？来自中国上市公司的经验证据［J］. 会计研究，2007（8）：36-43.

［80］GILSON S C. Management turnover and financial distress ［J］. Journal of Financial Economy, 1989 （5）：241-262.

［81］ALI A T, CHEN S R. Corporate disclosures by family firms ［J］. Journal of Accounting and Economics, 2007, 44 （1）：238-286.

［82］FAN J, WONG T J. Corporate ownership structure and the informativeness of accounting earnings in East Asia ［J］. Journal of Accounting and Economics, 2002, 33 （3）：401-425.

［83］卢锐. 管理层权力、薪酬激励与绩效：基于中国证券市场的理论与实证研究 ［M］. 北京：经济科学出版社, 2008.

［84］贺小刚, 连燕玲. 家族权威与企业价值：基于家族上市公司的实证研究 ［J］. 经济研究, 2009 （4）：90-102.

［85］FLUCK Z. Capital structure decisions in small and large firms：A life-cycle theory of financing ［R］. Michigan State University Working Paper, 2000.

［86］BLACK SR, ERVIN L. Life-cycle stage effects on the incremental information content of earnings and cash flows ［R］. Brigham Young University Working Paper, 2000.

［87］AHARONY J, HAIM F, NIR Y. Corporate life cycle and the value relevance of cash flow versus accrual financial information ［R］. Tel Aviv University Working Paper, 2004.

［88］李云鹤, 李湛, 唐松莲. 企业生命周期、公司治理与公司资本配置效率 ［J］. 南开管理评论, 2011 （3）：110-121.

［89］CORBETTA G, SALVATO C. Self-serving or self-actualizing? Models of man and agency costs in different types of family firms：A commentary on Comparing the agency costs of family and non-family firms conceptual issues and exploratory evidence ［J］. Entrepreneurship Theory and Practice, 2004, 28 （4）：355-362.

［90］贺小刚, 李婧, 陈蕾. 家族成员组合与公司治理效率：基于家族上市公司的实证研究 ［J］. 南开管理评论, 2010 （13）：149-160.

［91］SKAIFE H A, et al. Internal control over financial reporting and managerial rent extraction：Evidence from the profitability of insider trading ［J］. Journal of Accounting and Economics, 2013, 55：91-110.

［92］ALLEN M P. Managerial power and tenure in the large corporation ［J］. Social Forces, 1981, 60: 482-494.

[93] 许静静, 吕长江. 家族企业高管性质与盈余质量: 来自中国上市公司的证据 [J]. 管理世界, 2011 (1): 112-120.

[94] 贺小刚, 连燕玲. 家族权威与企业价值: 基于家族上市公司的实证研究 [J]. 经济研究, 2009 (4): 90-102.

[95] BUNKANWANICHA P, FAN J. The value of marriage to family firms [J]. Journal of Financial and Quantitative Analysis, 2013, 48 (2): 611-636.

[96] MEHROTRA V, et al. Adoptive expectations: rising sons in Japanese family firms [J]. Journal of Financial Economics, 2013, 108: 840-854.

[97] 杨德明, 林斌, 王彦超. 内部控制、审计质量与大股东资金占用 [J]. 审计研究, 2009 (5): 74-81.

[98] DICKINSON V. Cash flow patterns as a proxy for firm life cycle [J]. The Accounting Review, 2011, 86 (6): 1969-1994.

[99] RAJAN R, WULF J. Are perks purely managerial excess [J]. Journal of Financial Economics, 2006, 5 (79): 1-33.

[100] OLER D, et al. Governance, CEO power and acquisitions [R]. Working Paper, 2011.

[101] 陈信元, 陈冬华, 万华林. 地区差异、薪酬管制与高管腐败 [J]. 管理世界, 2009 (11): 130-142.

[102] 陈冬华, 陈信元, 万华林. 国有企业中的薪酬管制与在职消费 [J]. 经济研究, 2005 (2): 92-101.

[103] 罗宏, 黄文华. 国企分红、在职消费和公司业绩 [J]. 管理世界, 2008 (9): 139-148.

[104] ASHBAUGH-SKAIFE H, COLLINS D W, KINNEY W R. The effect of SOX internal control deficiencies and their remediation on accrual quality [J]. The Accounting Review, 2008, 83 (1): 217-250.

[105] GAO P. Disclosure quality, cost of capital, and investor welfare [J]. The Accounting Review, 2010, 85 (1): 1-29.

[106] 张龙平, 王军只, 张军. 内部控制鉴证对会计盈余质量的影响研究: 基于沪市 A 股公司的经验证据 [J]. 审计研究, 2010 (2): 83-90.

[107] 方红星, 金玉娜. 高质量内部控制能抑制盈余管理吗? [J]. 会计研

究，2011（8）：53-60.

　　[108] 董望，陈汉文. 内部控制、应计质量与盈余反应 [J]. 审计研究，2011（4）：68-78.

　　[109] 叶建芳，李丹蒙，章斌颖. 内部控制缺陷及其修正对盈余管理的影响 [J]. 审计研究，2012（6）：50-59.

　　[110] 黄国良，程芳. 基于管理防御视角的中国上市公司股权融资偏好 [J]. 管理现代化，2007，4：59-61.

　　[111] NICOS A S, et al. Policy holder dividend policy and the costs of managerial discretion [J]. The Journal of Risk and Insurance, 1998, 65 (2)：319-330.

　　[112] 周其仁. 产权与制度变迁：中国改革的经验研究 [M]. 北京：社会科学文献出版社，2002.

　　[113] BEBCHUK, et al. Executive compensation as an agency problem [J]. Journal of Economic Perspective, 2005, 17 (3)：71-92.

　　[114] 夏立军，陈信元. 市场化进程、国企改革策略与公司治理结构的内生决定 [J]. 经济研究，2007（7）：82-95.

　　[115] 张俊生，曾亚敏. 董事会特征与总经理变更 [J]. 南开管理评论，2005（1）：16-20.

　　[116] 张维迎. 控制权损失的不可补偿性与国有企业兼并中的产权障碍 [J]. 经济研究，1998（8）：3-14.

　　[117] GILSON S C. Management turnover and financial distress [J]. Journal of Financial Economy, 1989 (5)：241-262.

　　[118] 潘红波，夏新平，余明桂. 政府干预、政治关联与地方国有企业并购 [J]. 经济研究，2008（4）：41-52.

　　[119] ALI A, CHEN T, RADHAKRISHNAN S. Corporate disclosures by family firms [J]. Journal of Accounting and Economics, 2007, 44 (1)：238-286.

　　[120] ANDERSON R C, REEB D M. Founding-family ownership and firm performance：evidence from the S&P 500 [J]. Journal of Finance, 2003a, 58 (3)：1301-1328.

　　[121] WANG D. Founding family ownership and earnings quality [J]. Journal of Accounting Research, 2006, 44 (3)：619-656.

　　[122] KARRA N, TRACEY P, PHILLIPS N. Altruism and agency in the family

firm: Exploring the role of family, kinship, and ethnicity [J]. Entrepreneurship Theory and Practice, 2006, 30 (11): 861-877.

[123] BHAUMIK S, et al. "Family" ownership, tunneling and earnings management: A review of the literature [J]. Journal of Economic Surveys, 2010, 24 (4): 705-729.

[124] DRAZIN R, KAZANJIAN R K. A reanalysis of miller and friesen's life cycle data [J]. Strategic Management Journal, 1990, 11 (4): 319-325.

[125] 李新春, 苏琦, 董文卓. 公司治理与企业家精神 [J]. 经济研究, 2006 (2): 57-68.

[126] 费孝通. 乡土中国 [M]. 上海: 上海人民出版社, 2006.

[127] CAI H, LI H, PARK A, et al. Family ties and organizational design: Evidence from Chinese private firms [J]. The Review of Economics and Statistics, 2013, 95 (3): 850-867.

[128] SCHULZE W S, LUBATKIN M H, DINO R N. Exploring the agency consequences of ownership dispersion among the directors of private family firms [J]. The Academy of Management Journal, 2003, 46 (2): 179-194.

[129] DAVIS J H, SCHOORMAN F D, DONALDSON L. Toward a stewardship theory of management [J]. The Academy of Management Review, 1997, 22 (1): 20-47.

[130] 王明琳, 徐萌娜, 王河森. 利他行为能够降低代理成本吗? 基于家族企业中亲缘利他行为的实证研究 [J]. 经济研究, 2014 (3): 144-157.

[131] 樊行健, 肖光红. 关于企业内部控制本质与概念的理论反思 [J]. 会计研究, 2014 (2): 4-11.

[132] 苏启林. 基于代理理论与管家理论视角的家族企业经理人行为选择 [J]. 外国经济与管理, 2007 (2): 51-58.

[133] 贺小刚, 李婧, 陈蕾. 家族成员组合与公司治理效率: 基于家族上市公司的实证研究 [J]. 南开管理评论, 2010 (13): 149-160.

[134] FENG M C, et al. Internal control and management guidance [J]. Journal of Accounting and Economics, 2009, 48 (2): 190-209.

[135] MUSTAKALLIO M A, et al. Relational and contractual governance in family firms: Effects on strategic decision making [J]. Family Business Review, 2002, 15: 205-222.

［136］ZAHRA S A, PEARCE J A. Boards of directors and corporate financial performance: A review and integrative model ［J］. Journal of Management, 1989, 15 (2): 291-334.

［137］FIZEL J L, LOUIE K K. CEO retention, firm performance and corporate governance ［J］. Managerial and Decision Economics, 1990, 11 (2): 167-176.

［138］GOMEZ-MEJIA L R, WISEMAN R. Does agency theory have universal relevance? A reply to Lubatkin, Lane, Collin, and Very ［J］. Journal of Organizational Behavior, 2007, 28: 81-88.

［139］陈冬华, 陈信元, 万华林. 国有企业中的薪酬管制与在职消费 ［J］. 经济研究, 2005 (2): 92-101.

［140］张国清. 内部控制与盈余管理: 基于 2007 年 A 股公司的经验证据 ［J］. 经济管理, 2008 (23): 112-119.

［141］BEBCHUK L, FRIED J. Executive compensation as an agency problem ［J］. Journal of Economic Perspective, 2003, 17 (3): 71-92.

［142］HAMBRICK D C. Upper echelon theory: An update ［J］. Academy of Management Review, 2007 (2): 334-343.

［143］HOWELL J C, STOVER R D. How much do governance and managerial behavior matter in investment decisions? Evidence from failed thrift auctions ［J］. Journal of Corporate Finance, 2002, 8 (3): 195-211.

［144］KELTNER D, et al., Power approach and inhibition ［J］. Psychological Review, 2003, 110: 265-284.

［145］LE S A, WALTERS B, KROLL M. The moderating effects of external monitors on the relationship between R&D spending and firm performance ［J］. Journal of Business Research, 2006, 24 (5): 278-287.

［146］SHARMA S, DURAND R M, GUR-ARIE O. Identification and analysis of moderator variables ［J］. Journal of Marketing Research, 1981, 18 (3): 291-300.

［147］TIROLE T J. Hierarchies and bureaucracies ［J］. The Journal of Law, Economics and Organization, 1986, 2 (2): 181-214.

［148］白华. COSO 内部控制结构之谜 ［J］. 会计研究, 2015 (1): 58-65.

［149］陈春华, 赖溢洲, 李梦雅. 家族企业代理人治理机制研究: 基于代理理论和嵌入理论 ［J］. 中国人力资源开发, 2014 (13): 6-11.

［150］陈汉文，张宜霞. 企业内部控制的有效性及其评价方法［J］. 审计研究，2008（3）：48-54.

［151］陈仕华，李维安. 公司治理的社会嵌入性：理论框架及嵌入机制［J］. 中国工业经济，2011（6）：99-108.

［152］戴彦. 企业内部控制评价体系的构建［J］. 会计研究，2006（1）：69-76.

［153］段华友，干胜道. 企业代理问题与分权代理成本研究［J］. 安徽大学学报，2015（2）：151-156.

［154］傅颀，邓川. 高管控制权、薪酬与盈余管理［J］. 财经论丛，2013（4）：66-72.

［155］干胜道，刘博. 企业内部控制认识上的十大误区［J］. 财会学习，2009（6）：18-20.

［156］郭红彩. 管理层权力对上市公司分红行为的影响：基于我国 A 股上市公司的经验证据［J］. 中南财经政法大学学报，2013（1）：137-143.

［157］韩俊华，干胜道，王宏昌. 内部控制的多学科融合分析［J］. 郑州航空工业管理学院学报，2015（4）：5-10.

［158］黄速建，余菁. 国有企业性质、目标与社会责任［J］. 中国工业经济，2006（2）：68-76.

［159］黎文靖，卢锐. 管理层权力与会计信息质量：来自中国证券市场的经验证据［J］. 山西财经大学学报，2007（8）：108-115.

［160］李胜楠，牛建波. 高管权力研究的述评与基本框架构建［J］. 外国经济与管理，2014（7）：3-13.

［161］李寿喜. 产权、代理成本和代理效率［J］. 经济研究，2007（1）：102-113.

［162］李艳丽，孙剑非，伊志宏. 公司异质性、在职消费与机构投资者治理［J］. 财经研究，2012，38（6）：27-37.

［163］林芳，冯丽丽. 管理层权力视角下的盈余管理研究：基于应计及真实盈余管理的检验［J］. 山西财经大学学报，2012（7）：96-104.

［164］陆铭. 为何改革没有提高国有企业的相对劳动生产率［J］. 经济学（季刊），2003（7）：833-856.

［165］毛磊，王宗军，王玲玲. 机构投资者与高管薪酬：中国上市公司研究

［J］．管理科学，2011，24（5）：99-110．

［166］谭庆美，景孟颖．管理层权力对企业绩效的影响研究：基于企业内部治理机制视角［J］．财经理论与实践，2014（1）：64-69．

［167］谭亚莉，廖建桥．理者非伦理行为到组织腐败的演变过程、机制与干预：基于心理社会围观视角的分析［J］，经济学（季刊），2010（7）：68-77．

［168］田超，干胜道．企业社会责任内部控制制度研究［J］，经济研究参考，2010（49）：36-39．

［169］万华林．国外在职消费研究述评［J］．外国经济与管理，2007，29（9）：39-41．

［170］王竹泉，隋敏．控制结构+企业文化：内部控制要素新二元论［J］．会计研究，2010（3）：28-35．

［171］谢志华．内部控制：本质与结构［J］．会计研究，2009（12）：70-75．

［172］杨雄胜．内部控制范畴定义探索［J］．会计研究，2011（8）：46-52．

［173］于增彪，王竞达，瞿卫菁．企业内部控制评价体系的构建［J］．审计研究，2007（3）：47-52．

［174］张维迎．理解公司：产权、激励与治理［M］．上海：上海人民出版社，2014．

［175］中国上市公司内部控制指数研究课题组．中国上市公司内部控制指数研究［J］．会计研究，2011（12）：20-24．

［176］周继军．企业内部控制与管理者代理问题研究［D］．武汉：华中科技大学，2011．

企业内部控制基本规范

第一章 总则

第一条 为了加强和规范企业内部控制，提高企业经营管理水平和风险防范能力，促进企业可持续发展，维护社会主义市场经济秩序和社会公众利益，根据《中华人民共和国公司法》《中华人民共和国证券法》《中华人民共和国会计法》和其他有关法律法规，制定本规范。

第二条 本规范适用于中华人民共和国境内设立的大中型企业。

小企业和其他单位可以参照本规范建立与实施内部控制。

大中型企业和小企业的划分标准根据国家有关规定执行。

第三条 本规范所称内部控制，是由企业董事会、监事会、经理层和全体员工实施的、旨在实现控制目标的过程。

内部控制的目标是合理保证企业经营管理合法合规、资产安全、财务报告及相关信息真实完整，提升经营效率和效果，促进企业实现发展战略。

第四条 企业建立与实施内部控制，应当遵循下列原则：

（一）全面性原则。内部控制应当贯穿决策、执行和监督全过程，覆盖企业及其所属单位的各种业务和事项。

（二）重要性原则。内部控制应当在全面控制的基础上，关注重要业务事项和高风险领域。

（三）制衡性原则。内部控制应当在治理结构、机构设置及权责分配、业务流程等方面形成相互制约、相互监督，同时兼顾运营效率。

（四）适应性原则。内部控制应当与企业经营规模、业务范围、竞争状况和风险水平等相适应，并随着情况的变化及时加以调整。

（五）成本效益原则。内部控制应当权衡实施成本与预期效益，以适当的成本实现有效控制。

第五条　企业建立与实施有效的内部控制，应当包括下列要素：

（一）内部环境。内部环境是企业实施内部控制的基础，一般包括治理结构、机构设置及权责分配、内部审计、人力资源政策、企业文化等。

（二）风险评估。风险评估是企业及时识别、系统分析经营活动中与实现内部控制目标相关的风险，合理确定风险应对策略。

（三）控制活动。控制活动是企业根据风险评估结果，采用相应的控制措施，将风险控制在可承受度之内。

（四）信息与沟通。信息与沟通是企业及时、准确地收集、传递与内部控制相关的信息，确保信息在企业内部、企业与外部之间进行有效沟通。

（五）内部监督。内部监督是企业对内部控制建立与实施情况进行监督检查，评价内部控制的有效性，发现内部控制缺陷，应当及时加以改进。

第六条　企业应当根据有关法律法规、本规范及其配套办法，制定本企业的内部控制制度并组织实施。

第七条　企业应当运用信息技术加强内部控制，建立与经营管理相适应的信息系统，促进内部控制流程与信息系统的有机结合，实现对业务和事项的自动控制，减少或消除人为操纵因素。

第八条　企业应当建立内部控制实施的激励约束机制，将各责任单位和全体员工实施内部控制的情况纳入绩效考评体系，促进内部控制的有效实施。

第九条　国务院有关部门可以根据法律法规、本规范及其配套办法，明确贯彻实施本规范的具体要求，对企业建立与实施内部控制的情况进行监督检查。

第十条　接受企业委托从事内部控制审计的会计师事务所，应当根据本规范及其配套办法和相关执业准则，对企业内部控制的有效性进行审计，出具审计报告。会计师事务所及其签字的从业人员应当对发表的内部控制审计意见负责。

为企业内部控制提供咨询的会计师事务所，不得同时为同一企业提供内部控制审计服务。

第二章　内部环境

第十一条　企业应当根据国家有关法律法规和企业章程，建立规范的公司治理结构和议事规则，明确决策、执行、监督等方面的职责权限，形成科学有效的职责分工和制衡机制。

股东（大）会享有法律法规和企业章程规定的合法权利，依法行使企业经营方针、筹资、投资、利润分配等重大事项的表决权。

董事会对股东（大）会负责，依法行使企业的经营决策权。

监事会对股东（大）会负责，监督企业董事、经理和其他高级管理人员依法履行职责。

经理层负责组织实施股东（大）会、董事会决议事项，主持企业的生产经营管理工作。

第十二条　董事会负责内部控制的建立健全和有效实施。监事会对董事会建立与实施内部控制进行监督。经理层负责组织领导企业内部控制的日常运行。

企业应当成立专门机构或者指定适当的机构具体负责组织协调内部控制的建立实施及日常工作。

第十三条　企业应当在董事会下设立审计委员会。审计委员会负责审查企业内部控制，监督内部控制的有效实施和内部控制自我评价情况，协调内部控制审计及其他相关事宜等。

审计委员会负责人应当具备相应的独立性、良好的职业操守和专业胜任能力。

第十四条　企业应当结合业务特点和内部控制要求设置内部机构，明确职责权限，将权利与责任落实到各责任单位。

企业应当通过编制内部管理手册，使全体员工掌握内部机构设置、岗位职责、业务流程等情况，明确权责分配，正确行使职权。

第十五条　企业应当加强内部审计工作，保证内部审计机构设置、人员配备和工作的独立性。

内部审计机构应当结合内部审计监督，对内部控制的有效性进行监督检查。内部审计机构对监督检查中发现的内部控制缺陷，应当按照企业内部审计工作程序进行报告；对监督检查中发现的内部控制重大缺陷，有权直接向董事会及其审计委员会、监事会报告。

第十六条　企业应当制定和实施有利于企业可持续发展的人力资源政策。人力资源政策应当包括下列内容：

（一）员工的聘用、培训、辞退与辞职。

（二）员工的薪酬、考核、晋升与奖惩。

（三）关键岗位员工的强制休假制度和定期岗位轮换制度。

（四）掌握国家秘密或重要商业秘密的员工离岗的限制性规定。

（五）有关人力资源管理的其他政策。

第十七条　企业应当将职业道德修养和专业胜任能力作为选拔和聘用员工的重要标准，切实加强员工培训和继续教育，不断提升员工素质。

第十八条　企业应当加强文化建设，培育积极向上的价值观和社会责任感，倡导诚实守信、爱岗敬业、开拓创新和团队协作精神，树立现代管理理念，强化风险意识。

董事、监事、经理及其他高级管理人员应当在企业文化建设中发挥主导作用。

企业员工应当遵守员工行为守则，认真履行岗位职责。

第十九条　企业应当加强法制教育，增强董事、监事、经理及其他高级管理人员和员工的法制观念，严格依法决策、依法办事、依法监督，建立健全法律顾问制度和重大法律纠纷案件备案制度。

第三章　风险评估

第二十条　企业应当根据设定的控制目标，全面系统持续地收集相关信息，结合实际情况，及时进行风险评估。

第二十一条　企业开展风险评估，应当准确识别与实现控制目标相关的内部风险和外部风险，确定相应的风险承受度。

风险承受度是企业能够承担的风险限度，包括整体风险承受能力和业务层面的可接受风险水平。

第二十二条　企业识别内部风险，应当关注下列因素：

（一）董事、监事、经理及其他高级管理人员的职业操守、员工专业胜任能力等人力资源因素。

（二）组织机构、经营方式、资产管理、业务流程等管理因素。

（三）研究开发、技术投入、信息技术运用等自主创新因素。

（四）财务状况、经营成果、现金流量等财务因素。

（五）营运安全、员工健康、环境保护等安全环保因素。

（六）其他有关内部风险因素。

第二十三条　企业识别外部风险，应当关注下列因素：

（一）经济形势、产业政策、融资环境、市场竞争、资源供给等经济因素。

（二）法律法规、监管要求等法律因素。

（三）安全稳定、文化传统、社会信用、教育水平、消费者行为等社会因素。

（四）技术进步、工艺改进等科学技术因素。

（五）自然灾害、环境状况等自然环境因素。

（六）其他有关外部风险因素。

第二十四条　企业应当采用定性与定量相结合的方法，按照风险发生的可能性及其影响程度等，对识别的风险进行分析和排序，确定关注重点和优先控制的风险。

企业进行风险分析，应当充分吸收专业人员，组成风险分析团队，按照严格规范的程序开展工作，确保风险分析结果的准确性。

第二十五条　企业应当根据风险分析的结果，结合风险承受度，权衡风险与收益，确定风险应对策略。

企业应当合理分析、准确掌握董事、经理及其他高级管理人员、关键岗位员工的风险偏好，采取适当的控制措施，避免因个人风险偏好给企业经营带来重大损失。

第二十六条　企业应当综合运用风险规避、风险降低、风险分担和风险承受等风险应对策略，实现对风险的有效控制。

风险规避是企业对超出风险承受度的风险，通过放弃或者停止与该风险相关的业务活动以避免和减轻损失的策略。

风险降低是企业在权衡成本效益之后，准备采取适当的控制措施降低风险或者减轻损失，将风险控制在风险承受度之内的策略。

风险分担是企业准备借助他人力量，采取业务分包、购买保险等方式和适当的控制措施，将风险控制在风险承受度之内的策略。

风险承受是企业对风险承受度之内的风险，在权衡成本效益之后，不准备采取控制措施降低风险或者减轻损失的策略。

第二十七条　企业应当结合不同发展阶段和业务拓展情况，持续收集与风险变化相关的信息，进行风险识别和风险分析，及时调整风险应对策略。

第四章　控制活动

第二十八条　企业应当结合风险评估结果，通过手工控制与自动控制、预防性控制与发现性控制相结合的方法，运用相应的控制措施，将风险控制在可承受度之内。

控制措施一般包括：不相容职务分离控制、授权审批控制、会计系统控制、财产保护控制、预算控制、运营分析控制和绩效考评控制等。

第二十九条　不相容职务分离控制要求企业全面系统地分析、梳理业务流程中所涉及的不相容职务，实施相应的分离措施，形成各司其职、各负其责、相互制约的工作机制。

第三十条　授权审批控制要求企业根据常规授权和特别授权的规定，明确各岗位办理业务和事项的权限范围、审批程序和相应责任。

企业应当编制常规授权的权限指引，规范特别授权的范围、权限、程序和责任，严格控制特别授权。常规授权是指企业在日常经营管理活动中按照既定的职责和程序进行的授权。特别授权是指企业在特殊情况、特定条件下进行的授权。

企业各级管理人员应当在授权范围内行使职权和承担责任。

企业对于重大的业务和事项，应当实行集体决策审批或者联签制度，任何个人不得单独进行决策或者擅自改变集体决策。

第三十一条　会计系统控制要求企业严格执行国家统一的会计准则制度，加强会计基础工作，明确会计凭证、会计账簿和财务会计报告的处理程序，保证会计资料真实完整。

企业应当依法设置会计机构，配备会计从业人员。从事会计工作的人员，必须取得会计从业资格证书。会计机构负责人应当具备会计师以上专业技术职务资格。

大中型企业应当设置总会计师。设置总会计师的企业，不得设置与其职权重叠的副职。

第三十二条　财产保护控制要求企业建立财产日常管理制度和定期清查制度，采取财产记录、实物保管、定期盘点、账实核对等措施，确保财产安全。

企业应当严格限制未经授权的人员接触和处置财产。

第三十三条　预算控制要求企业实施全面预算管理制度，明确各责任单位在预算管理中的职责权限，规范预算的编制、审定、下达和执行程序，强化预算约束。

第三十四条　运营分析控制要求企业建立运营情况分析制度，经理层应当综合运用生产、购销、投资、筹资、财务等方面的信息，通过因素分析、对比分析、趋势分析等方法，定期开展运营情况分析，发现存在的问题，及时查明原因并加以改进。

第三十五条 绩效考评控制要求企业建立和实施绩效考评制度，科学设置考核指标体系，对企业内部各责任单位和全体员工的业绩进行定期考核和客观评价，将考评结果作为确定员工薪酬以及职务晋升、评优、降级、调岗、辞退等的依据。

第三十六条 企业应当根据内部控制目标，结合风险应对策略，综合运用控制措施，对各种业务和事项实施有效控制。

第三十七条 企业应当建立重大风险预警机制和突发事件应急处理机制，明确风险预警标准，对可能发生的重大风险或突发事件，制定应急预案、明确责任人员、规范处置程序，确保突发事件得到及时妥善处理。

第五章　信息与沟通

第三十八条 企业应当建立信息与沟通制度，明确内部控制相关信息的收集、处理和传递程序，确保信息及时沟通，促进内部控制有效运行。

第三十九条 企业应当对收集的各种内部信息和外部信息进行合理筛选、核对、整合，提高信息的有用性。

企业可以通过财务会计资料、经营管理资料、调研报告、专项信息、内部刊物、办公网络等渠道，获取内部信息。

企业可以通过行业协会组织、社会中介机构、业务往来单位、市场调查、来信来访、网络媒体以及有关监管部门等渠道，获取外部信息。

第四十条 企业应当将内部控制相关信息在企业内部各管理级次、责任单位、业务环节之间，以及企业与外部投资者、债权人、客户、供应商、中介机构和监管部门等有关方面之间进行沟通和反馈。信息沟通过程中发现的问题，应当及时报告并加以解决。

重要信息应当及时传递给董事会、监事会和经理层。

第四十一条 企业应当利用信息技术促进信息的集成与共享，充分发挥信息技术在信息与沟通中的作用。

企业应当加强对信息系统开发与维护、访问与变更、数据输入与输出、文件储存与保管、网络安全等方面的控制，保证信息系统安全稳定运行。

第四十二条 企业应当建立反舞弊机制，坚持惩防并举、重在预防的原则，明确反舞弊工作的重点领域、关键环节和有关机构在反舞弊工作中的职责权限，规范舞弊案件的举报、调查、处理、报告和补救程序。

企业至少应当将下列情形作为反舞弊工作的重点：

（一）未经授权或者采取其他不法方式侵占、挪用企业资产，牟取不当利益。

（二）在财务会计报告和信息披露等方面存在的虚假记载、误导性陈述或者重大遗漏等。

（三）董事、监事、经理及其他高级管理人员滥用职权。

（四）相关机构或人员串通舞弊。

第四十三条　企业应当建立举报投诉制度和举报人保护制度，设置举报专线，明确举报投诉处理程序、办理时限和办结要求，确保举报、投诉成为企业有效掌握信息的重要途径。

举报投诉制度和举报人保护制度应当及时传达至全体员工。

第六章　内部监督

第四十四条　企业应当根据本规范及其配套办法，制定内部控制监督制度，明确内审计机构（或经授权的其他监督机构）和其他内部机构在内部监督中的职责权限，规范内部监督的程序、方法和要求。

内部监督分为日常监督和专项监督。日常监督是指企业对建立与实施内部控制的情况进行常规、持续的监督检查；专项监督是指在企业发展战略、组织结构、经营活动、业务流程、关键岗位员工等发生较大调整或变化的情况下，对内部控制的某一或者某些方面进行有针对性的监督检查。

专项监督的范围和频率应当根据风险评估结果以及日常监督的有效性等予以确定。

第四十五条　企业应当制定内部控制缺陷认定标准，对监督过程中发现的内部控制缺陷，应当分析缺陷的性质和产生的原因，提出整改方案，采取适当的形式及时向董事会、监事会或者经理层报告。

内部控制缺陷包括设计缺陷和运行缺陷。企业应当跟踪内部控制缺陷整改情况，并就内部监督中发现的重大缺陷，追究相关责任单位或者责任人的责任。

第四十六条　企业应当结合内部监督情况，定期对内部控制的有效性进行自我评价，出具内部控制自我评价报告。

内部控制自我评价的方式、范围、程序和频率，由企业根据经营业务调整、经营环境变化、业务发展状况、实际风险水平等自行确定。

国家有关法律法规另有规定的，从其规定。

第四十七条　企业应当以书面或者其他适当的形式，妥善保存内部控制建立与实施过程中的相关记录或者资料，确保内部控制建立与实施过程的可验证性。

第七章　附则

第四十八条　本规范由财政部会同国务院其他有关部门解释。

第四十九条　本规范的配套办法由财政部会同国务院其他有关部门另行制定。

第五十条　本规范自 2009 年 7 月 1 日起实施。

企业内部控制应用指引

《企业内部控制应用指引》请扫描二维码查看。